U0642740

/ 足球体能训练译丛 /

足球体能周期训练设计

〔西〕哈维尔·马略 著
魏宏文 译

北京科学技术出版社

First Published in English on July 2014 by SoccerTutor.com
Copyright: SoccerTutor.com Limited © 2014. All Rights Reserved.
Author: Javier Mallo
Copyright: Javier Mallo © 2014. All Rights Reserved.
Diagrams: Diagram designs by SoccerTutor.com. All the diagrams in this book have been created using SoccerTutor.com Tactics Manager Software available from www.SoccerTutor.com
著作权合同登记号 图字：01–2020–1978 号

图书在版编目（CIP）数据

足球体能周期训练设计 / (西) 哈维尔・马略著 ; 魏宏文译 . —
北京 : 北京科学技术出版社 , 2020.8
（足球体能训练译丛）
书名原文 : Periodization Fitness Training –Football Conditioning Program
ISBN 978–7–5714–0955–5

Ⅰ . ①足… Ⅱ . ①哈… ②魏… Ⅲ . ①足球运动 – 体能 – 运动训练 Ⅳ . ① G843.2

中国版本图书馆 CIP 数据核字 (2020) 第 082841 号

足球体能周期训练设计

作　　者：〔西〕哈维尔・马略
译　　者：魏宏文
策划编辑：曾凡容
责任编辑：曾凡容
责任校对：贾　荣
责任印制：张　良
排版设计：优品地带
出 版 人：曾庆宇
出版发行：北京科学技术出版社
社　　址：北京西直门南大街 16 号
邮政编码：100035
电话传真：0086-10-66135495（总编室）　0086-10-66113227（发行部）
0086-10-66161952（发行部传真）
电子信箱：bjkj@bjkjpress.com
网　　址：www.bkydw.cn
经　　销：新华书店
印　　刷：北京宝隆世纪印刷有限公司
开　　本：720mm × 1000mm 1/16
字　　数：171 千字
印　　张：11.5
版　　次：2020 年 8 月第 1 版
印　　次：2020 年 8 月第 1 次印刷
ISBN 978–7–5714–0955–5

定价：86.00 元

京科版图书，版权所有，侵权必究。
京科版图书，印装差错，负责退换。

认识作者

哈维尔·马略

（Javier Mallo）

执教经历

· 西班牙皇家马德里足球俱乐部（Real Madrid）现任体能教练。

· 英国曼彻斯特城足球俱乐部（Manchester City）体能教练，2011—2013，2 个赛季。

· 西班牙皇家马德里竞技足球俱乐部（Atletico de Madrid）体能教练，4 个赛季。

· 西班牙圣塞瓦斯蒂安德洛斯雷耶斯足球俱乐部（U.D.San Sebastian de los Reyes）（西班牙 2B 级）体能教练和助理教练，6 个赛季。

证书

· 欧足联 A 级教练员。

· 马德里理工大学（Technical University of Madrid）运动科学系运动科学博士学位。

· 高水平运动表现专业硕士学位。

· 物理治疗学士学位。

其他信息

· 马德里理工大学运动科学系足球专业副教授，任期 3 年。

· 有 20 多篇论文发表在国际同行评议杂志学术期刊，如《运动科学杂志》（*Journal of Sports Sciences*）、《国际运动医学杂志》（*International Journal of Sports Medicine*）、《运动科学与医学杂志》（*Journal of Sports Sciences and Medicine*）、《体能训练研究杂志》（*Journal of Strength & Conditioning Research*）等。

· 担任各种国际性足球大会和足球课程的主讲人。

认识译者

魏宏文

· 1992.9—1996.7 北京体育大学运动人体科学专业，学士
· 1999.9—2002.7 北京体育大学运动人体科学专业，硕士
· 2006.9—2009.7 北京体育大学运动人体科学专业，博士
· 1996.9—2006.8 北京市体育科学研究所，助理研究员
· 2009.8—2018.1 北京体育大学运动医学与康复学院，副教授
· 2019.2— 北京体育大学体能训练学院，副教授，硕士研究生导师

魏宏文博士长期从事竞技体育体能训练实践，先后在北京女子足球队、中国国家女子足球队、中国国家男子足球队担任科研教练和体能康复教练。1997—2019 年，他与中国国家男子足球队历任中外主教练（商瑞华、马元安、马良行、王海鸣、张海涛、裴恩才、郝伟、Bruno Bini、高洪波、孙继海、沈祥福）有良好的合作；在 2003 年和 2015 年国际足联女足世界杯期间，作为教练组核心成员，担任中国国家女子足球队复合型团队的负责人；2015 年担任中国国家男子足球队体能康复教练；2017 年担任国家 U-20 男足体能康复教练；2018—2019 年为国家 U-25 男足集训队复合型团队成员。他也是国家体育总局“百人计划”优秀专业技术人才培养对象。

担任职务

中国体育科学学会体能分会委员；国家体育总局教练员学院、竞技体育司、青少年体育司、科教司、各运动项目管理中心教练员岗位培训体能课程专家讲师；全国体育传统项目学校体育师资体能培训师；北京体育大学卓越培训青少年体适能讲师；国家体育总局全国体育运动学校联合会体能课程讲师；青海师范大学讲座教授；中国营养学会注册营养师；湖南省体能训练协会专家委员会专家组成员；广东省针灸学会肥胖专病联盟特聘专家；北京市体育科学学会会员；陕西省体育科学学会会员。

序一

在过去的几十年里，体育事业发生了很大的变化，特别是在足球领域。随着20世纪新的运动理论出现，我们对团队运动项目训练方式的理解产生了实质性的改变。足球作为一项团队运动，参与的球员就构成了新理论所定义的复杂系统的一部分。一个复杂的系统包括一系列要素，每个要素之间通过相互作用以实现共同的目标。这可以推断出任何要素的变化都会不可避免地影响其他要素。我们要了解各要素的行为，不仅需要知道它们的构成，还需要知道它们之间的关系。我们不应该孤立地去分析各要素，而应该综合考虑它们相互依存的关系。足球队的训练是一个整体，任何一个部分都不能单独来处理。球员根据他们所处的场景不同会有不同的运动表现。

本书作者给我们普及了足球体能相关的知识，帮助我们从不同的视角来观察构成足球训练过程的要素。在书中，作者告诉我们：教练要将所有影响球员运动表现的训练要素进行系统整合，以应对在提升和优化球队能力和潜力时伴随而来的所有困难。训练课的设计必须遵循整体性的方法（从功能的角度观察事件，考虑所有部分之间的相互关系），正确地观察我们想要了解的现象。

从整体上观察球队特点并考虑各个要素之间的相互作用，深入研究足球队训练过程中的细节，并努力研究其系统性，是作者采用的研究路线。

作者将球队的战术组织作为首要目标，这种新颖的观点使足球训练方法有了质的飞跃。训练源于比赛、又服务于比赛，但训练的设计最终还是取决于球员为了踢比赛所具备的能力。

作者的研究可以帮助教练提高设计最佳训练方法的能力，以最好地符合球队比赛的实际情况。这是一本通俗易懂的书，能帮助我们更好地理解构成训练过程中的不同要素的组织方式。哈维尔·马略拥有不同角度经历比赛的优势，他先是一名足球运动员，后来成为一名足球教练。像所有充满活力和热情的人一样，他在教练生涯中，一直在不断进步、成长和成熟。

本书是足球教练继续提高、更新和拓展知识的敲门砖。总而言之，本书可以帮助我们继续进步，提高我们作为教练员的价值。此外，本书给我们提供了许多有趣的建议，可以帮助我们决策和解决问题。如果对这本详细而全面的书有所强调的话，那就是它全面的实际应用价值，加上严谨的理论和训练实践，更为重要的是从足球专项场景出发来构建体能训练环境。

最后，我要向作者表示衷心的感谢，感谢他的思考和努力，让我们有机会近距离地了解这项被称为足球的精彩运动。

作者在写这本书时，全程无休，一天 24 小时、一年 365 天都在构思和写作。

切玛 · 桑斯
(Chema Sanz)
职业体能教练

切玛·桑斯曾经在下列足球俱乐部中担任过体能教练：

· 马略卡（Mallorca）
· 拉科鲁尼亚（Deportivo de la Coruña）
· 苏达得穆尔西亚（Ciudad de Murcia）
· 阿尔梅里亚（Almería）
· 特内里费（Tenerife）
· 皇家马德里卡斯蒂利亚（Real Madrid Castilla）
· 特拉萨（Terrasa）
· 奥维多（Oviedo）
· 莱万特（Levante）

序二

“战术是指当有可为时知道如何为之，战略是指当无可为时知道如何为之。”换句话说，“战术是一种选择位置的短期行为，战略是赢得比赛的方式。”

——萨维利 • 塔塔科维尔（S.Tarta Kowe，1887—1956）

波兰伟大的象棋大师

我受作者之邀为本书作序，荣幸与责任兼而有之。在作者还是马德里理工大学运动科学系的学生时，我就认识他了。当时，他已经对足球有关的事情展现出莫大的好奇心。

几年后，哈维尔·马略和他形影不离的同学阿布拉姆·加西亚（Abraham Garcia）〔成功的足球教练胡安霍·加西亚（Juanjo Garcia）的儿子，他带领皇家马德里卡斯蒂利亚足球俱乐部进入了西班牙杯决赛和欧洲赛场〕一起参加了研究生课程。我很荣幸能够成为他博士论文答辩的主席，他的论文相当出色。几年后，哈维尔·马略成为该学院的副教授，但我知道他想要的是从事训练和比赛的实践工作。持续的好奇心与学术勇气驱使他撰写了这本书，试图展示在现实情况下是如何理解足球比赛的。

作者的传记和个人情况暂且不谈，我们仅深入了解本书的细节。创作、做科研并不容易，作者为了能够做到这一点，遵守了三个必要条件，即具有明确的研究对象、具有可以应用于实践的知识领域和使用适当的科学方法。作者尊重对国家队比赛特征的计量分析，采用自下而上的视角，即观察比赛行为的实际情况，从实践到理论，而不是理论到实践。

足球必须从生态学的角度来解释，就像一个系统，与比赛相关的内部要素和外部要素之间有许多交互作用。一切都需要遵守混沌理论和复杂系统理论。对比赛的定义必须是动态的和可变的，其中情境的任何改变，尽管看起来很小，都会使接下来的场景发生变化，并形成一个有自己特点的新的场景。我同意这种对现代足球的思考和解释，用数学方法来研究足球的打法模式可以帮助我们理解它。作者使用了大量的参考文献，反映出本书的有效性及其科学权重，我认为这些参考文献是恰当和充分的。

我不得不提及作者的履历，他在国际科学杂志上发表了许多同行评议的论文，过去几个赛季在不同俱乐部，乃至在曼彻斯特城足球俱乐部的工作经历都支撑了他的研究结论。

在仔细阅读了本书之后，我相信引言很好地解释了在比赛分析的实际概念上建立一个清晰的、恰如其分的情景的合理性。这使得我们能够得出超越诸如“足球就是足球”“一切都已经被发明了”“理论不可能应用于足球”“足球是不同的”等传统说法的清晰理念。我们必须尊重这些理念在足球运动中会产生令人不安的影响，但我们不应该利用这些理念来停止对每种情况的合理分析。我们同意这样一种观点，即对来自比赛中所反映出来的疑问不断地去探索，将理论与实践联系起来，然后用共同的、可被理解的语言分享独立于先前知识的内容。

作者用一个恰当的逻辑论证为他在球场上的日常工作提供了一个解决方案。本书是原创的，书中的图例和说明是基于作者日常训练活动和对比赛的真实观察，这是哈维尔·马略最好的工具。如今，体能教练正在更多地使用基于比赛分析的练习，研究如何同时提高球员的身体能力和战术（决策）能力。

哈维尔·马略在描述训练实践时，创建了一个方法上的顺序来遵守比赛的内部逻辑，遵循训练实践始终不违背比赛的原则。本书分为 4 章，其中第 3 章包括大量最新和有效的参考文献。在这个信息繁杂的年代，我们要感谢出版这本书并为青年才俊提供表现自己机会的编辑。我同意这本书中的大部分内容，但有一小部分观点还有待我与作者进行进一步的讨论。

就像我们所有的研究人员一样，怀疑将永远存在，今天看起来是一个坚实而坚定的范例，明天可能就不那么清晰了，所以我们需要进步和适应新的情况。只有拥有开放的心态，我们才能理解科学在足球中的应用途径。我知道与其他运动相比，足球运动训练有时被一个科学家认为是不合适的，但我是那种认为有必要对足球训练持开放态度的人。

在作者哈维尔·马略工作过的所有球队，都有他的渊博知识的烙印。更为重要的是，当解决训练实践中的难题时，他提高了解决训练实践中一般问题和专项问题的效率。

哈维尔·马略，我祝你一切顺利，成功在望。

哈维尔·桑佩德罗·莫利努埃沃
(Javier Sampedro Malinuevo)
马德里理工大学教授、运动科学系主任

引言

什么是周期化?

周期化是体能训练系统的规划，可以理解为将赛季划分为更小的周期和单元（Issurin，2008），以使训练达到最佳效果。

以周期化这种方式设计体能训练，可以帮助教练在赛季的不同阶段，如赛季前和比赛赛程的不同时期，确保采用正确的训练强度和持续时间。

周期化如何使团队受益?

周期化可以帮助教练在最佳的时间采用某些类型的训练方法。也就是说，教练一旦正确地设计了训练的各项参数（包括详细地设计复杂训练内容、持续时间和训练强度），周期化将帮助他们解决训练中的难题。

本书提供了许多适合球员个体训练和球队训练所需的体能训练方法:

· 有球的热身和无球的热身；

· 耐力；

· 技术；

· 战术；

· 小场地对抗训练；

· 进攻；

· 防守；

· 攻防转换，即由攻转守和由守转攻。

为什么要用周期化来进行体能训练?

周期化训练力图解决训练负荷的设计问题，帮助球队在一个赛季的不同阶段尽可能达到最高水平的运动表现。赛季也可以划分为较小的时间单元，如阶段、周期和板块等。在考虑训练周（短期计划）时，可以在两次比赛的间隔时间内对负荷进行周期化设计。本书在第 3 章中专门对小周期进行了全面的阐述。

足球运动中是否存在体能训练？

似乎这个突然的问题打断了礼堂里的嘈杂声，一时间，房间里一片寂静。在某种情况下，如果给这个问题一个唯一的答案，那么答案是贸然的。但是，人们的反应并不能作为一个结论，而是为辩论建立新的途径。在数百英里之外，人们针对这个问题发表了类似的评论（Pol，2011）。不分析对过去经历的怀疑是不可能提高你的知识的。

足球体能训练 10 年后还会存在吗？

问完这个问题，现场的人沉默更久了，他们觉得更费解了。答案肯定不能像之前的问题那样绝对。足球是一个永远充满活力的运动，设定其演化的确定性是非常危险的。未来可能会将足球的一部分训练称为体适能训练或体能训练，不同的专业人士对此理解可能会大相径庭。足球运动永远是相同的，但不同的技战术风格带来的训练模式和训练方法迥然不同。

为什么要写这本书？

本书试图从不同的方面分析和总结过去 10 年的足球训练哲学。我在马德里理工大学运动科学系学习期间，获得了丰富的理论知识（首先是攻读学位的学生，后来成为博士研究生，最后担任足球课程的助理教授）。在同一时期，我在许多足球队担任体能教练和助理教练，获得了许多实践经验。这些经验使我不断地反思以前所学到的技能，寻找更合适的方法在训练课上呈现。

参考其他作者的论文有一定的风险，因为你可能会产生偏见或忽视其他相关的影响因素。形成本书训练哲学的基础来自三方面。

首先，我无意识地发现对运动项目内部发生的事情进行联系很有必要，便产生了对足球体能周期训练这个主题的研究。最初的阶段主要是测定有关生物能量或分析组成体能表现的相关信息。传统的研究已经将“运动生理学”应用到足球中，就像丹麦作家廷斯·邦斯博（Jens Bangsbo）所做的研究一样，或者使用运动“表现分析方法”（Bartlett，2001）来整合足球运动所有相关的信息。

其次，许多训练系统都是在原始的、实际的分析阶段完成它们的演变的。“足球是一项不科学的运动”这句话出自西班牙教练胡安马·利略（Juanma Lillo），我们不需要逐字完全地接受这句话。科学方法的运用有助于减少围绕着足球训练的谣言，这句话只是让我们牢记足球独特而无法重复的特点。

最后，为了让足球知识更直观，训练方法必须考虑各种经验科学。其中，“一般系统论”（General Theory of System）〔路德维希·冯·贝塔朗菲（Ludwig von Bertalanffy）在20世纪上半叶提出〕似乎特别相关，这个理论已经被运动科学所采纳。马德里理工大学哈维尔·桑佩德罗·莫利努埃沃教授是首先用行为学的方法（人类行为的研究）来研究团队项目复杂性的专家之一。这种研究方法的本质不是研究运动员孤立的行为，而是研究球员踢球的技术动作（“acción de juego”，after Mahlo，1969）。从实践角度来看，帕科·塞鲁略（Paco Seirul·lo）可被认为是首批体能教练之一，他打破传统的基于复制个人项目训练的固有思维，并针对团队项目的训练提出了不同的理念。

每个理论都是一个不断进化的过程，这个思路来自葡萄牙波尔图体育科学学院运动科学系，其最著名的专家是维特尔·弗拉德（Vitor Frade）教授。理论不断进化的过程一直以系统化思维来维持（Tamarit，2007），为了促使足球训练方法产生质的飞跃，此过程要以球队的打法为参照。皮埃尔·德·顾拜旦在第一届现代奥运会开幕式上使用的“citius，altius，fortius”（更快、更高、更强）口号，当我们在考虑现代精英足球运动员必须具备的全部条件时，这个提法似乎已经不合时宜了。

整合所有这些思想表明足球训练是在演进发展的过程中，体能不再被认为是独立存在的，而是处在一个生态中，处于一个变化着的领域。在这个领域中，我们必须努力调查研究，对比赛中遇到的问题提出最优的解决方案。所以说，体能训练需要专项化，应该与比赛相关联。

足球体能教练会消失吗?

足球体能训练一旦脱离了比赛，就失去了其所有的价值。在某些情况下，体能这个术语已经导致了错误，身体的运动表现仅被定义为无球活动。如果我们能厘清身体和灵魂二元性之间的哲学争论，那么足球运动员也应该如此。

足球运动员是一个整体行为的功能单位，所以球员的表现不能被分割成独立的碎片。传统的训练方案是开始进行体能训练，接着进行技术训练，最后以小场地对抗训练的形式来结束训练课。与整个过程实际需要的整体视角相比，这个训练方案似乎已经过时了。

这种实质性的改变需要体能教练对比赛有深刻的理解，因为在训练课中，所有的训练任务必须以球队惯用的思维方式来整合（战术组织）。

在今后的几年里，“体能教练”这个词可能会失去它所有的价值，球队不再有体能教练，而是被教练或助理教练取代。

考虑到新的训练理念，传统体能教练有两种不同的出路：一是把他的角色和球场上的事情联系起来，成为一名额外的管理人员；二是直接负责场外的情况，更多的是与医务人员联系起来。

是在球场训练还是在健身房训练？是管理人员还是医务人员？每个传统体能教练都需要根据想要在团队中扮演的角色做出自己的决定。

足球研究的两个变量是什么？

教练致力于足球研究，迟早会遇到两个变量：空间和时间。

在高水平的比赛中，球员完成技战术行为的空间和时间均被压缩，速度代表着精英足球的基本能力并不奇怪，因为它涉及空间和时间这两个变量。每个球员都有自己的运动速度，但这个速度不能仅仅从机械的角度来说明，它需要用整体的方法来解释。

从中长期来看，每个球员都能根据自己的能力找到所对应水平的足球比赛，动作速度能让他们更有效率。在某种程度上，这类似于赛车运动，只有那些开得更快的人才能参加一级方程式比赛。但也有许多例子表明，球员可以通过更快地解决比赛中的相关问题来弥补他们的速度弱点，即提高球商。

空间与时间的关系对于教练在设计训练课程时也是至关重要的。在半场或四分之一的场地进行 6V6 控球练习是较好的训练方法吗？ 12 分钟或 18 分钟的小场地对抗训练更有效吗？对这类问题的回答总是要根据教练的训练目标和具体计划而定。相同的训练内容可以产生不同的效果，这取决于训练所使用的空间及持续时间。

正确的训练方法是什么?

本书的目的是提出设计训练的方法，而不是提供一个完整的解决方案。每个教练在面对一张白纸或屏幕要准备设计他们的训练课程时，都必须独立思考。每种情况都没有确定性的答案，足球运动的历史让我们知道主教练使用了不同的方法才能保持成功。

有些教练已经取得了成功，他们试图让球员比对手进更多的球，而另一些教练则更关注自己球队的失球没有对手那么多。事实上，在一个球队中被证明有效的方法可能对另一个球队无效，或者两个球队在连续两个赛季被不同教练以同样的方式进行训练，可能也不会取得相同的结果。这听起来可能令人沮丧，但它代表着对教练的挑战和希望。

如果情况不是这样，教练可以被更有效率的电脑所取代。幸运的是，在训练过程中建立的人际关系成为球队最后运动表现的一个定性因素，这也阻止了计算机对训练的主导作用。

我们能从书中学到什么?

整本书从头到尾都让读者不断地思考足球训练过程，丰富其经验，目的是帮助教练提高训练的组织能力，如国际象棋（最具战略意义的运动项目）大师总是提前布局一样。

足球训练有助于预测球队在比赛中的表现，减少不确定因素（对手、比赛的场地条件、观众、裁判和运气等）的影响，这对教练的创造能力提出了很高的要求。教练提出的训练任务要有助于球员从训练中学习并提高自主思考能力以及在比赛中解决问题的能力。

当空间和时间有限时，若一名球员没有拿出解决问题的方案，而另一名球员拿出了方案，那么后者就是最后赢得比赛的人。

哈维尔·马略

图例说明

练习形式

每一个练习包括清晰的图表和辅助性的文字说明，如练习名称、练习目的、组织方法、变化或进阶和训练要点等。

图例

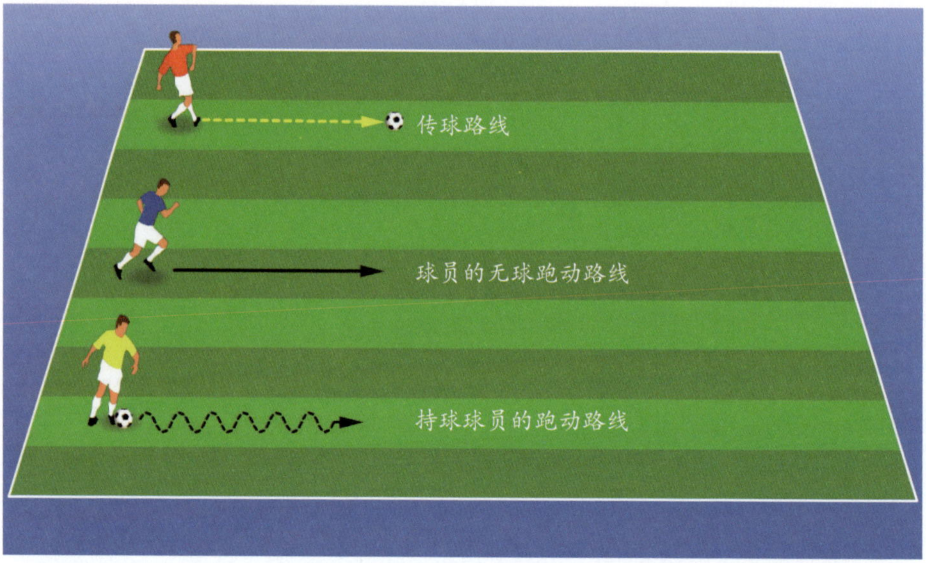

目 录

1 训练过程的组织

1.1 教练对球队表现相关问题的决策

构建比赛模型

当教练开始肩负管理一支足球队的职责时，有许多问题需要明确和界定。

首先要确定的事项之一就是明确团队需要实现什么目标。通常人们第一反应是斩钉截铁地回答“赢得比赛”。一些有冒险精神的教练还会加上一个内涵，即“赢得比赛，并踢得好看”。

事实上，对成功的认定往往与最终的比赛结果有关，但获胜受到多种因素的影响，这使得教练们好像生活在一个永久带刺的铁丝网中。而且机会在足球运动中扮演着非常重要的角色，有时一支球队在表现比对手差的情况下也能赢得比赛。所以说，赢得一场比赛是一个孤立的事件。

对一名教练来说，真正重要的是能够建立一种模型或风格，这种模型或风格有助于安排和组织球员在场上的行为，提高赢得更多比赛的可能性。从理论上讲，这种技术风格必须反映出球队组织的必要特点，能被所有渴望取得团队成功的球员所接受。

建立模型是为了使完成比赛中四个阶段（进攻、防守、由攻转守和由守转攻）的每个阶段的行为具有可操作性（Mourinho 等，2007）。模型是动态的并且要符合球员的特点及其在赛季中的变化，而且代表了球队在球场上的团队身份。模型可细分为一系列原则和子原则，以促进训练方法的发展（Frade in Diaz，2012）。

例如，图 1-1 概述了一支西班牙职业足球队在 2008—2009 赛季时的基本特征。这个模型是我与球队主教练阿布拉姆·加西亚设计的，目的是总结管理球队战术的基本概念。该模型的第一步是建立球队在有球和无球情况下的理论框架，以及赢得控球权或失去控球权时应采取的行动。比赛的每个阶段，根据进攻的类型（位置或配合、短传或长传、角球后重新开球、间接或直接任意球、掷界外球等）、过渡阶段（由攻转守和由守转攻），以及防守阶段（与进攻一样只是进行反向推理）来对模型的原则进一步分类。

在将比赛划分为这几个阶段后，我们提出了控制球队整体技战术行为的原则和子原则。这些理论上的计划只是对现实的静态重构，当球和球员在移动时，问题会更加复杂。比赛模型的构建必须经历一个永久性的反馈过程，才能成功地被球队所采用。在一个赛季中，每个球员和对手的参与直接影响球队的整体表现，所以球队总是在不断地发展变化的。

为了更容易理解，图 1-1 只显示了每个分类中的两个基本思路。正如 Cano（2009）对巴塞罗那足球俱乐部分析的那样，每支球队的比赛组织有很多原则，考虑进攻时，教练通常会选择一个优先的原则，有不同的选择就可以丰富球队的战术，而且有助于球员应对比赛期间可能发生的意外情况。

图 1-1 中的有些原则可以运用于多个分类。如减少触球次数以快速传球、跑动制造空当并为持球队员提供传球的选择、向空当传球而不是朝同伴脚下传球、拉开场地的宽度、第三人跑位、边后卫套边助攻、向前带球突破第一道防线，以及在罚球区外射门在内的不同射门选择等，都是进攻打法的关键点。

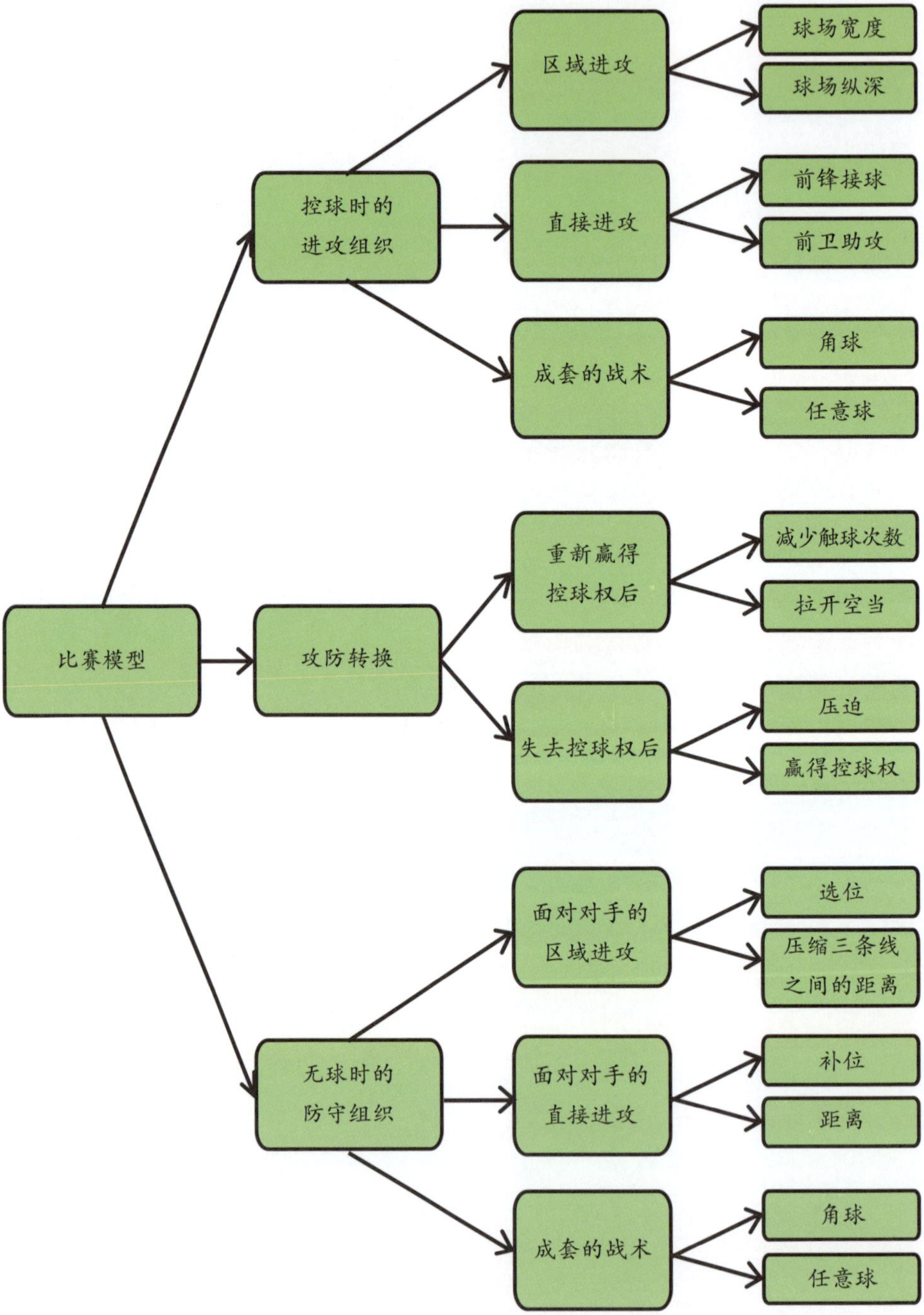

图 1-1　一支西班牙职业足球队在 2008—2009 赛季时的基本特征

防守阶段可以遵循相同的思路，其特征在于当对手控球时，我方队员快速正确地选择位置；失去控球权后前场的球员向前对持球人施压，封堵对手的传球路线迫使对方前锋不得不带球进入危险性较小的区域；球被解围后球队整体快速地一致行动；正确使用越位规则，等等。

这些原则可以进一步细分为子原则、子原则的子原则等（Mourinho等，2007），一旦教练罗列出所有基本原则，球员就必须在比赛的四个阶段的集体行为中遵循。

制订训练计划

训练计划的首要目的是清晰地确定球队所有需要发展的集体技战术行为。此后，可以设计出有利于某些特定技战术行为的训练课。如果教练想改进一名中后卫在边后卫身后空当的防守策略，则需要设计进阶式的训练方法。首先可以设计3名进攻球员在狭小空间里面对2名防守球员的练习，3名进攻球员必须攻入罚球区。然后给这个训练场景增加4名进攻球员、3名防守球员、守门员、特定的防守区域等新的要素。教练在探索中可以设计出有意义的训练计划来帮助球员发现和融入基本的技战术打法原则（Ruíz Pérez，1994）。

对任何有教练证的教练而言，在纸上写下一支球队必须具备的技能是很容易的，而那些能够正确教授其理论计划的教练会让足球训练取得巨大的飞跃。教练仅仅知道谁是球队中最优秀的球员是不够的，虽然最优秀的球员很重要，但将球员整合成一个互相合作的团队以应对比赛中可能发生的各种情况更重要。

教练可以通过明确训练方式或明确训练过程来帮助球队获得预期结果。训练理念应该包括教练和球员在球场内外人际关系的管理，这有助于球队实施一种让每名球员将个人技战术能力与球队技战术风格保持一致的训练理念。精英级别球队的管理对教练来说是最大的挑战之一，因为球员的自我意识通常不一致，这不利于寻找功能性单位的目标。

过去几年的许多研究报告都表明，情绪是一种非常重要的催化剂（Damasio，2005；Punset，2010）。这些基于情商的研究可以为教练提供有价值的信息，帮助教练管理球员群体，制订吸引球员参加训练的策略，同时隔离损害他们心理健康的外部因素。为了使球员能够以积极的态度完成训练课的内容，训练内容就需要重现比赛的原始乐趣以使球员在整个训练中有学习和提高的愿望。球员一旦具备了控制情绪和解放思想的能力，就会更容易在球场上发挥创造力。此外，学习如何进行社交有助于球员与队友积极合作。

影响比赛模型构建和训练计划实施的因素

教练即使可以清晰地定义自己的技战术模型和训练风格，但仍需考虑一系列可能影响最终比赛结果的因素。

球员的影响

毫无疑问，球员的水平对球队的影响最大，因为球员技战术水平对比赛结果有着决定性的影响。

理想的情况是教练可以完全控制他的球员，希望所有的球员都依循他的比赛模型和训练风格，但大多数情况下，这是不可能的。

分析过去几十年运动科学领域发展的过程，足球运动发生了巨大变化。里努斯·米歇尔斯（Rinus Michels）的“全攻全守足球”理念代表了足球战术发展史上的第一次质的飞跃（Batty，1980）。几年之后，约翰·克鲁伊夫（Johan Cruyff）改进了这个理念并将其引入西班牙，所有的球员都集体参与进攻和防守，所有的技术动作都必须快速完成。20 世纪 80 年代后期，阿里戈·萨基（Arrjgo Sacchi）给他的球队增加了一个重要的元素——战术组织。区域盯人体系的发展逼迫对手减少空间和控球时间，使球员认知过程加快，因为球员在面对对手时要在有限的时间内采取技战术行动。当今，最负盛名的主教练已经优化了这些先前的理念，并增加了极具竞争力的特征。

传统的比赛备战阶段逐渐消失，从最初的训练周期到赛季结束都有比赛。考虑到所有这些因素，并不奇怪每个教练都希望队中的球员拥有以下能力：速度、技术、球商和竞争力。这些能力是足球俱乐部招募青少年球员的基本标准。

教练团队的影响

除了球员影响之外，还有其他可能影响整个训练体系的问题。在管理人员和执教人员的团队中，建立一个所有成员共享和尊重基于团队比赛模式的相同工作理念至关重要。在训练课上，团队成员要分工，如体能教练负责无球的训练、专项教练负责有球训练的这个模式现在已经过时了。训练课需要有一个横向视角，所有教练必须在训练课上协调行动，向球员传达明确的信息。为了达到这个目的，主教练必须拥有合格且积极主动的工作人员（Espar，2010），因为这将确保球员训练的质量，增加球队成功的机会。

保障团队的影响

教练必须制订与俱乐部所有其他支持人员的沟通策略。随着足球运动已经成为一个全球性的运动产业，俱乐部有很多具有不同职责的工作人员，从而形成了更加复杂的交流网络。俱乐部的两个常见冲突领域是足球技术部门和医疗部门，特别是在俱乐部没有确定每个部门的职责时更容易发生冲突。Punset（2011）将解决冲突的能力确定为俱乐部在 21 世纪生存的关键因素之一。为了避免出现利益冲突，在最终决策的过程中，球队必须有一个层次结构。为避免出现误解，这些行为方针越早确定越好。

场地设施的影响

教练必须拟定一个俱乐部设施（训练场、足球场、健身房、医疗室、交通和酒店等）清单并服务于集体利益。

俱乐部背景的影响

此外，教练必须知道俱乐部的社会经济背景。职业足球的现实情况是对结果的要求远高于为达到目标而经历的过程。因此，如果一个教练想要在社会压力下和俱乐部要尽快看到结果的情况下实施一个长期的训练理念，他就要迅速地适应俱乐部一开始对他的要求，这样才能避免被解雇。

因而，教练没有达到最低目标要求，其工作就是没有价值的。最后，文化因素也可以限制比赛技战术模式的应用。每个俱乐部及其支持者都有独特的足球特质，这些特点需要被认可，但不能影响技战术理念的应用。

小结

图 1-2 概述了一名主教练在组织训练时的基本决策过程。

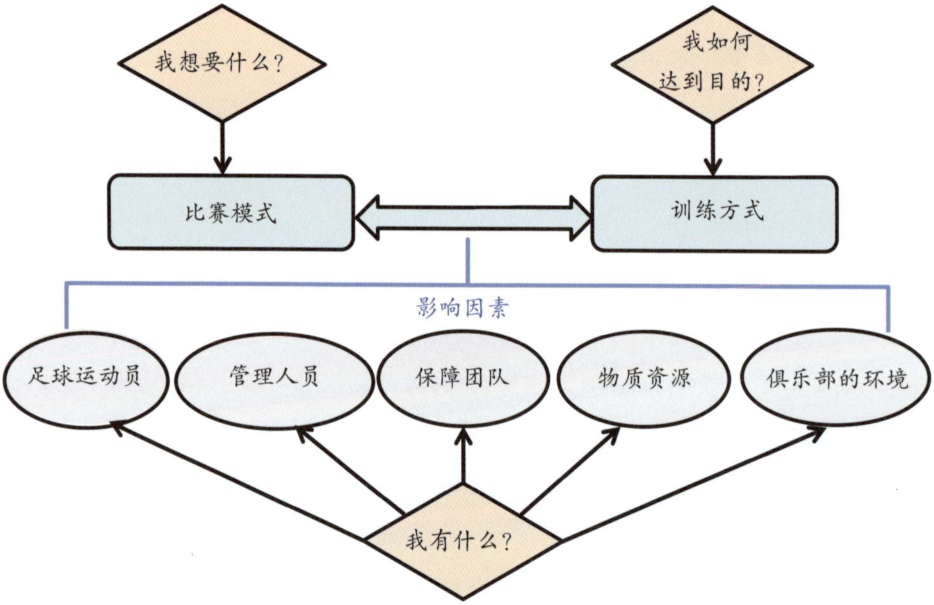

图 1-2 一名主教练在组织训练时的基本决策过程

教练在决策过程中的权力越大，根据他的想法去管理球队的保障就越大，传统的英国模式就是这种形式的代表。在这种模式下，主教练可以决定俱乐部涉及的所有事务。教练在俱乐部的组织中有了自己的权利，他们执行决策的责任就越大，他们的工作稳定性就越低。现在，教练通常是球队在没有达到既定要求的结果时第一个离开球队的人。

1.2 训练结构

有两种能力对于教练来说极为重要：一是设计基于优化球队特征比赛模型的能力，二是构建训练方式的能力。教练的这两种能力可以使球队在比赛中的整体表现满意度尽可能最大化。同时，训练方式需将场外情况（人际关系）与场上情景相结合。

每个能力都需要有较深刻的分析，本书只重点讨论训练方式。足球训练是一个动态的生态学系统，它不断地与周围环境相互影响。训练方式不是唯一的和不可更改的，需要根据每支球队的情况不断地进行调整，球队的训练模式就得到了发展，并通过球员之间的关系进行巩固。发展球队训练模型的过程始于两个不同的维度：一是球队的集体训练，二是球员的个人训练。图 1-3、图 1-4 分别展示了训练维度和训练结构框架。

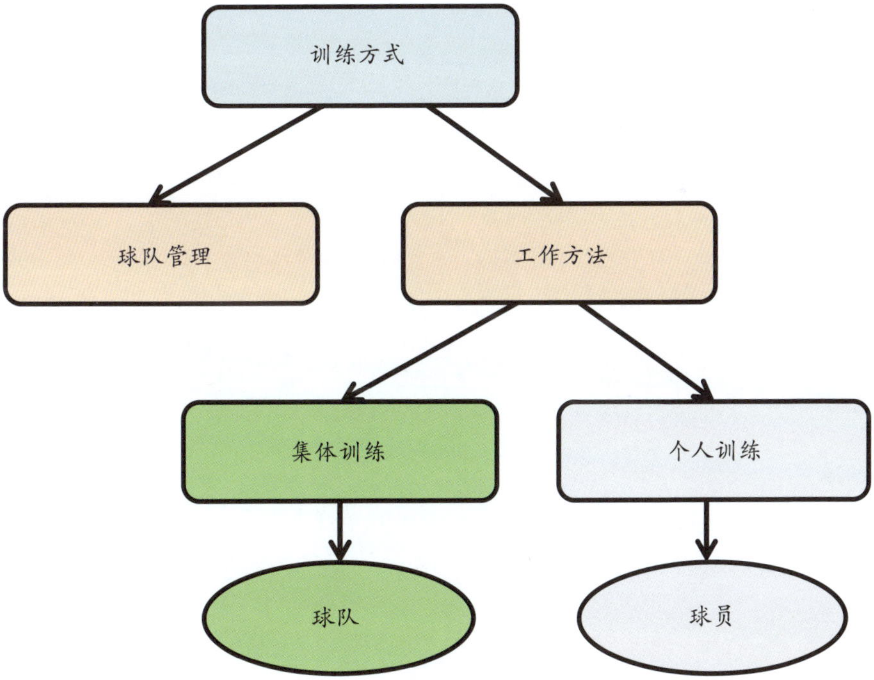

图 1-3 训练维度

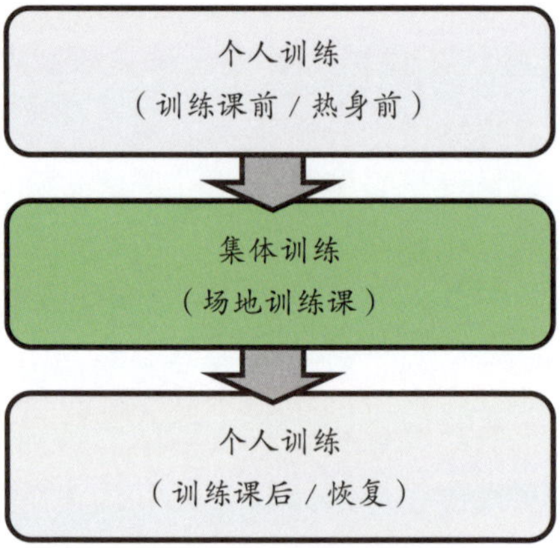

图 1-4 训练结构框架

训练前的热身

训练前进行热身的目的是让球员为训练做准备，也称为准备活动，持续时间应该为 15 ~ 30 分钟，且不引起球员疲劳，因为疲劳对实现目标具有相反的作用。练习内容应基于对每个球员的详细测试，训练质量应优于训练数量。

球员个人训练与球队集体训练

传统上，球员个人训练遵循简化的理念，基于分解的运动表现，对运动表现的不同部分进行单独训练，寻求总的训练效果。但是一定要认识到整体大于各部分之和这一观念，当 11 名球员组成一个球队时，其在比赛期间的复杂性就会成倍增加（Sampedro，1999）。因此，训练过程的本质必须围绕球队的集体性来进行组织。

训练目标

每次训练课都必须从一系列需要达到的战术目标出发，这些目标包括原则与子原则（Mourinho 等，2007），再结合充满活力的练习，更长或更短、更多或更少的恢复期（取决于球队当前处在一周中的哪天或赛季当中的哪个月）。

球员的个人训练本身不能被理解为训练目的，最终目标必须是将每个球员的表现融入球队。这一理念对于遵循训练过程的方向至关重要。以个人方式进行训练会让球队走上错误的道路。训练场如果是特定人员的运动场所，或是进行瑜伽或普拉提等活动场所，那么比赛本身的重要性将被忽略。正如 Seirul·lo 所说（in Pol，2011），这些自由的训练活动有益于球员的健康，但采用这些不结合专项的训练方法不会提高球员的能力。因而，个人的训练作为独立的一部分内容，可以在球队训练课主要内容之前或之后完成。

训练时间

通常来说，没有一个标准的规则来限制训练课的持续时间。教练必须培养敏锐的观察能力，以确定训练任务在何时不再有效、不能达到目标。寻找可能的方法优化训练时间和减少球员的能量消耗非常重要。

每场比赛中，教练必须拥有足够数量的体能充沛的球员，因为这可以让教练有挑选的余地，增加获胜的机会。

训练课后的恢复与分析

恢复

训练课程结束时的恢复训练与训练前的热身有密切联系，其目的是加速身体的恢复过程。

从理论上讲，运动表现可以分解为训练效果和引起的疲劳程度。如果训练效果很好但是疲劳程度高，那么球员的进步会很小，并且第二天不会达到最佳训练状态。因此，必须综合考虑训练课后的恢复，使积累的疲劳最少而训练的效果最大。

恢复阶段可以包括额外的力量练习、拉伸练习和柔韧性练习，这一阶段主要由物理治疗师来完成，他们还会加入必要的手法治疗。所有缩短的、损伤的软组织结构都需要在这一阶段得到处理和治疗，以便球员在下次训练时保持最佳的身体状态。

在上述的内容中加入水疗（冰浴、冷热水疗）可以作为完成恢复过程的辅助方法。

球员在训练后要确保补充足够的水分和营养。使用营养品和增强机能的辅助用品（在高强度运动中，可以作为提高运动表现的外源性物质）可以帮助球员优化恢复过程和预防状态不佳。

训练分析

在训练结束时，不可忽视训练分析。此时，之前制订的目标作为一个反馈效应来评价训练效果。同样，使用视频分析系统帮助球员学习训练内容是有意义的，可根据每个人的学习能力对训练内容做出有针对性的解释说明。心理训练也可以在训练课集体小结结束时发挥重要作用。

1.3 预防损伤

训练前的热身方案中，引入一些预防损伤的练习很重要，这些练习通常要符合足球专项特点。有时候，过多的预防损伤练习可能会影响训练课的目标。

足球是一项高标准的竞技运动，球员必须达到最高要求。球员的运动表现与健康之间的均衡非常重要。如果球队无法在比赛中有出色的运动表现，那么即使拥有极低的损伤概率也是没用的，尽管我们知道这一结果可能是由于进行了出色的预防损伤训练。如果球员距离他们的运动潜力还很远，预防损伤训练可能会受到质疑。再次需要强调的是，在不增加球员损伤风险的情况下，将理论上的运动表现阈值尽可能最大化是教练需要不断地深思熟虑的问题。

一项对瑞典职业足球运动员进行的研究表明，那些腘绳肌、腹股沟和膝关节曾经受过伤的球员在下一个赛季中受到同样损伤的可能性会增加 2 ~ 3 倍（Hägglund 等，2006）。因此，每个球员的详细病史以及功能性检查可以提供有价值的数据，以帮助教练设计个体化的预防损伤训练方案，诸如关节稳定性和灵活性（主要是外场球员的踝关节、膝关节和髋关节）、足迹改变、落地力学、两腿长度差异、与水平轴相关的骨盆位置、腰肌或腹部力量等需要特殊评估和治疗，以避免今后出现损伤。

损伤风险

除了球员个人的损伤风险（由于病史和生物力学特征），还有足球训练相关的损伤风险。国际足联医学评估和研究中心（Hägglund 等，2005；Fuller 等，2006）通过在过去几年中发表的关于损伤定义和数据收集的共识声明的许多研究报道，这些调查研究表明，参加欧洲冠军联赛的足球运动员每 1000 小时有 9.4 例损伤，球员在比赛期间受伤的风险高于训练期间（每 1000 小时分别有 30.5 例损伤与 5.8 例损伤）（Waldén 等，2005）。

球员在比赛时受伤的可能性是训练时的 10 倍。在对过去几年西班牙足球联赛的研究发现，西乙球员的整体损伤风险与西甲球员的整体损伤风险非常相似（每 1000 小时有 9.3 例损伤）（Mallo 等，2011；Mallo，Dellal，2012）。

在不同级别比赛中球员发生损伤的概率几乎相似，因此统计由于损伤而缺席训练的次数似乎必不可少（San Román，2003）。从这个意义上说，比赛的级别可能会对这一变量产生影响，由于损伤所致球员的缺勤天数，西甲球员（每支球队每个赛季缺勤 909 天）（Noya，Sillero，2012）比西乙球员（每支球队每个赛季缺勤 704 天）（Mallo，2012a）高出 30%。

球员损伤的严重程度也可能与比赛级别有关，因为在欧洲冠军联赛（Waldén 等，2005）的中等程度的损伤（缺席训练 8 ~ 28 天）比西班牙三级联赛更频繁（Mallo，2012a）。

当比较欧洲冠军联赛和西班牙三级联赛这两个赛事之间的主要损伤（超过 28 天缺勤属于损伤）时，欧洲冠军联赛的损伤几乎是西班牙三级联赛损伤的 3 倍（每 1000 小时分别有 1.4 例损伤与 0.5 例损伤）（Waldén 等，2005；Mallo 等，2012a）。

损伤发生的原因

到目前为止，还不能断定球员发生损伤有一个特定的原因，因为这些损伤可能受到球员先前遭受损伤的影响（Hägglund 等，2006），也有比赛场地条件（Ekstrand 等，2006）、比赛区域（Hägglund 等，2005；Waldén 等，2005；Eirale 等，2012）、比赛密度（Ekstrand，2008；Dupont 等，2010；Dvorak 等，2011）、球员在阵型中的位置（Dadebo 等，2004；Fuller 等，2004；Morgan，Oberlander，2004；Woods 等，2004）或球队距离赛季开始的时间等因素影响（Waldén 等，2005；Ekstrand 等，2011）。

预防损伤的训练策略

预防肌肉损伤的训练策略

一旦估计个人和球队会面临的损伤风险，就必须实施预防损伤训练方案以减少损伤的发生。

据报道，股后肌群拉伤是足球运动员中最常见的损伤（Waldén 等，2005；Ekstrand 等，2011；Mallo 等，2012a；Noya，Sillero，2012），因此需要制订降低其损伤概率的预防措施。许多研究表明，改善肌肉力量可以降低发生这种损伤风险的概率（Askling 等，2003；Mjolnes 等，2004；Árnason 等，2008）。有很多方法可以引起腘绳肌收缩，从没有辅助设备的运动如 Nordic 训练法（Mjolnes 等，2004）到健身球、平衡板或更复杂的惯性系统，如“Yo-Yo”机（Askling 等，2003）。在对个体球员做全面测试后，必须仔细选择训练方式，以对应每名球员的需求，并始终确保以正确的技术完成练习。

> 训练质量应该优于训练数量，因为我们不希望球员疲劳，这可能会影响他们的比赛表现。

臀肌是一个大肌群，由于人的久坐行为，臀肌在很长一段时间内保持“不开放”的状态。在训练前激活臀肌可以提高腘绳肌的工作效率，降低腘绳肌受伤的概率。据报道，改善大腿后部肌肉的柔韧性也是降低球员损伤概率的有效方法（Witvrouw 等，2003）。

髋内收肌在足球运动员中的损伤发生率也很高（Ekstrand 等，2011；Mallo 等，2012a），专项练习有助于预防髋内收肌发生损伤。同样，有指导的辅助性练习、健身球练习、平衡板练习、圆锥形滑轮（译者注：一种进行肌肉离心训练的设备）等，也可以降低髋内收肌的损伤概率。骨盆区域的力量和力矩失衡可能与髋内收肌相关的腹股沟疼痛有关，这可能导致球员长时间缺席比赛。骨盆周围肌肉的力量和协调性练习的结合已被证明可以有效地预防这类损伤（Hölmich 等，1999）。

小腿三头肌和股四头肌是足球运动员最常见的肌肉损伤部位（Ekstrand 等，2011）。有报道称（Noya，Sillero，2012），在西班牙职业球员中，股直肌的损伤最多，由此而发生的缺勤率也最高。因此，教练在设计预防损伤训练方案时需要特别考虑股直肌，因为股直肌（对髋关节和膝关节都有作用）经常参与做踢球、跳跃、减速及变向这些典型的技术动作。

预防关节病变的训练策略

除了肌肉损伤，关节病变也对球员上场比赛有很大影响（Waldén 等，2005；Mallo 等，2012a；Noya，Sillero，2012），这里不考虑由于运动本身的性质而导致的难以避免的直接创伤。在过去的几年中，加强关节周围肌肉的力量训练和感知觉训练（包括本体感觉）已被证明能有效预防踝关节和膝关节受伤（Caraffa 等，1996；Junge 等，2002），其中踝关节损伤概率可以降低 50%（Ekstrand，2008）。

预防损伤的训练方法

力量训练

在训练前的热身阶段，可以进行旨在提高肌肉不同力量能力的练习。在这种情况下，力量训练必须遵循功能性训练的原则，在特定的专项技术动作下发挥力量的能力，而不只是关注某块肌肉本身的力量。因此，使用负重器械和长时间做向心收缩的腹肌练习（卷腹）的传统健身方法似乎不是足球运动员最佳的力量训练方式。

训练必须遵循足球的动作模式和在运动中运用力量的时间要求。总而言之，专注于单腿支撑、肌内与肌间协调性的练习和核心力量（Athletes Performance，2011；译者注：Athletes Performance 是一家公司的名称，从事体能训练的服务工作）的练习是与足球运动员运动表现密切相关的。

这些训练内容必须根据每名球员的运动能力进行调整，建立循序渐进的个体化训练方案。

在运动中，一名球员必须保持正确的生物力学姿势，保证腰椎中立位和力指向适当的方向，不仅包括直线运动，还包括旋转力量的表现。在这个前提下，快速和短时间的练习、经典的低冲击性快速伸缩复合训练也可以作为训练方案中预激活神经肌肉的内容。

心理训练

尽管绝大多数的赛前训练都集中在体能部分，但心理训练和技战术训练也不应被忽视。热身练习可以与提高认知能力的练习相关联。视听媒介的使用可以使球员很容易地过渡到球场上的实际场景，其目的是对接下来的练习起到熟悉和指导作用。

2 整体训练课

2.1 训练课的开始部分

2.2 训练课的主体部分

2.3 训练课的结束部分

本章的内容主要是介绍足球训练课的设计方法，与其他具有类似目的的书籍略有不同的是，本书在战术组织方面的目的会与动态的运动强度（与传统的体能教练更相关）相关联，遵循整体训练理念。

整体训练课是球员训练的核心，因为它代表了球员为了达到通过“考试”（比赛）的目的必须做的“家庭作业”。球员必须具有创造性的思维，以解决比赛中可能出现的各种问题。

说到整体训练，并不意味着所有球员必须接受同样的训练方法和强度，但目标应朝着相同的方向。例如，训练的设计应基于球队的比赛模型，建立比赛原则和子原则（Frade，2012）。实现目标的方法因教练的训练风格而异。每位教练拥有的训练风格都不同，对每个练习都有自己的设计，并懂得如何将这些练习应用到球员的训练中。

正因为实现目标的可能性不只一种，所以每位教练都可以根据不同情况的参数，用自己的创造力开发出多种多样的训练方式。

综上所述，整体训练课必须整合球队基本的功能任务，这些功能任务需要在训练课的三个阶段按时间顺序完成（图 2-1）。

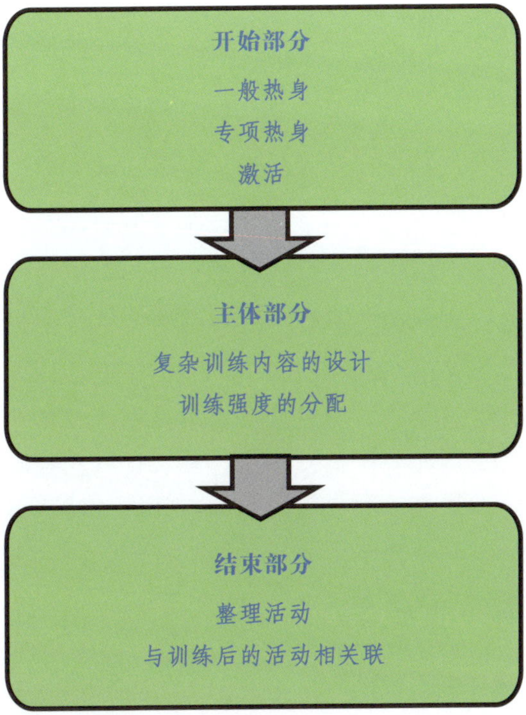

图 2-1 整体训练课的结构

2.1 训练课的开始部分

热身运动概述

开始任何高强度的身体活动前都必须先做热身运动，这一过程被认为是一个过渡阶段。做热身运动前必须考虑球员是从哪里来的（家里、物理治疗室或健身房），如果不是职业球员，还要考虑其从事的工作类型等，以及接下来要做什么（训练的主体部分）。

热身运动对生理的益处有各种各样的文章详细阐述过，如有利于身体所有系统和器官逐渐适应运动，预防身体损伤（Weineck，1988）。但是教练不要仅仅停留在这个认知水平上，还要认识到热身是实现神经系统充分激活的必要条件，球员从训练一开始就可以受益。所以，热身不应局限于有条件的刺激和专项运动模式，还应辅以教练全面认知的设计考虑，教练需要引入使球员神经兴奋的练习。

教练可以始终使用相同的热身方法来开始一堂训练课，但在训练课的初始阶段提供相同的刺激可能会限制球员的适应潜力，从长期来看，球员对这种刺激的反应会失效。为了避免这种情况发生，改变热身的方式就可以让球员在每堂课中都保持高度的兴奋性，但并不意味着走向另一个极端。热身练习必须提前准备，不应干扰训练课的主体部分。

球员的训练背景是开展多样化、动态化热身运动的基础。如果一支球队习惯于进行有组织性的无球热身，在教练引入非常有创意的热身训练时，可能不是所有球员都能正确地执行，那么球队在热身阶段的基本目标也不会实现。因此，在赛季中，教练要循序渐进给球员施加训练负荷。如果教练想拥有快速、技术好和能自主决策的球员，那么在训练课中就必须设计关于这些素质训练的内容。

热身的三个阶段

从理论上讲，训练课的开始部分可分为一般热身、专项热身和激活三个阶段。这个结构不需要在所有的训练课中都严格遵守，但它是制订目标及实现目标的有效方法。在实践中，这些阶段的内容安排没有严格的区分，某些内容可以在多个阶段中采用。每个阶段的持续时间根据需要实时的外部条件来进行调整。糟糕的天气情况下，热身要简单；舒适的天气有助于开展创造性的热身活动。教练是热身活动内容的主要组织者。活动内容应该始终与训练课的主体部分和训练目标接近。

一般热身活动的目的是提高所有为肌肉提供氧气并升高体温的系统的反应（心血管系统、呼吸系统）。热身内容可以包括慢跑、大肌肉群练习、动态拉伸练习和灵活性练习。热身阶段并不一定要排除低强度的有球练习。总的热身时间不应该很长，对于顶尖球员来说，只要球员在一开始就全身心投入训练，5 分钟就足够。

专项热身是第二阶段，包括有球和无球的专项运动模式（变向、跳跃、加速和减速等），球员可以结伴练习。这一阶段采用的练习内容必须与训练课主体的内容保持密切的联系，平稳过渡，让训练效率最优化。

最后，热身可以通过一个短时间的激活来结束。激活连接了训练课的开始部分和主体部分。练习内容可以指向中枢神经系统，要求球员在活动过程中做出认知反应。神经激活练习的量不能很大，练习与练习之间要保证身体完全恢复，以避免球员将疲劳感带到训练课的下个阶段。只要球员在训练课早期适应了运动强度，就可以在激活阶段加入稍后要进行的战术任务。

教练要考虑每个球员的情况，15 分钟的热身时间应该足够。教练也可以给球员 1 ~ 2 分钟来补充水分或进行个人活动，因为有些球员更喜欢在训练开始阶段进行他们自己的惯常练习。除非有正当理由延长热身时间，否则 25 ~ 30 分钟的热身不仅会给球员带来额外的精神疲劳和身体疲劳，还会影响训练课主体部分的时间。

热身的类型

所有球员不需要在一堂训练课开始时进行相同的热身活动。例如，在一堂训练课的主体部分，当前卫和前锋做一些传中和射门练习时，防守队员可以练习从后场传球。所有球员都可以先进行常规热身，再进行专项化的热身和激活练习。热身活动并不只是由体能教练来负责，教练组所有教练之间的合作是必不可少的。将球员分成两组、每组 10 名，由 2 名教练进行指导，这样的热身活动往往比由 1 位教练单独训练更能给球员带来好处。

本书以热身活动的基本前提为参照，对热身活动的类型进行了简单分类，即有球热身活动和无球热身活动（图 2-2）。在这个分类中，教练可以设计训练课开始部分的不同热身活动。为达到既定目标，可以将不同类型的热身活动结合起来。

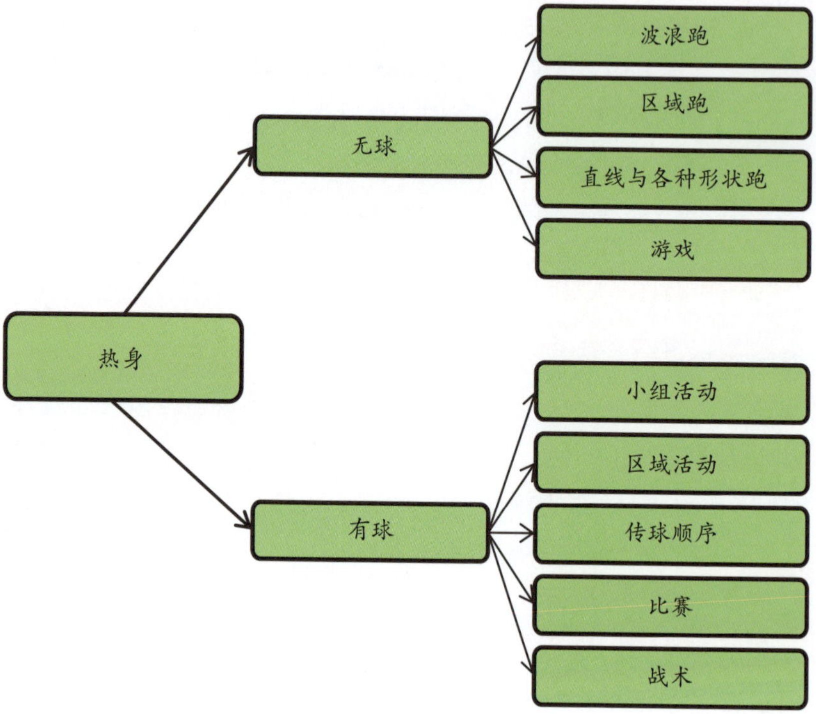

图 2-2 热身活动的类型

无球热身示例

基础热身——波浪跑

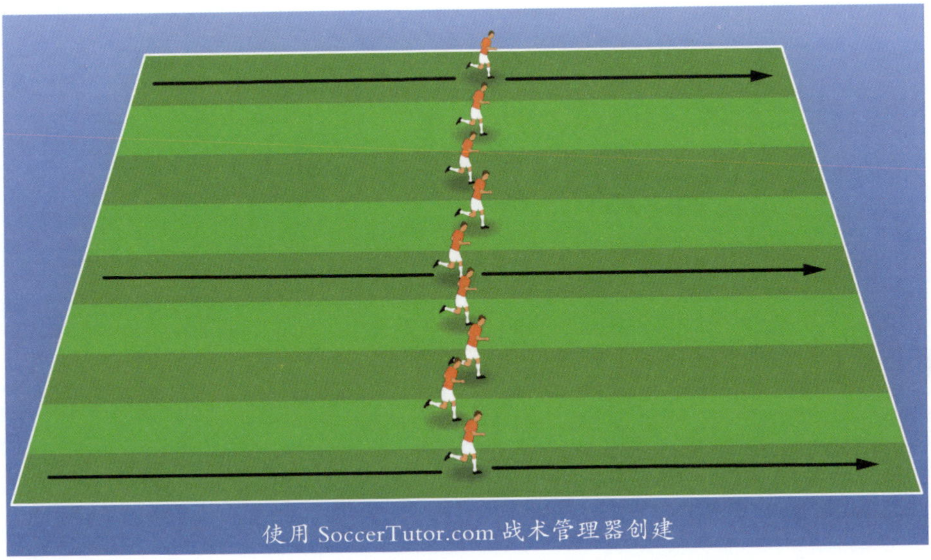

训练目的

进行一般灵活性练习。

训练组织

所有球员同时朝一个方向移动。球员可以改变动作，如正常慢跑、后退跑、侧滑步和起跳做争头球的动作等。

这是一种非常基本的热身运动，活动距离可以从一侧罚球区到另一侧罚球区，也可以是足球场宽度或长度的一半。

指导要点

（1）应包括关节灵活性的练习，特别是活动髋关节和肩关节。

（2）球员应在热身练习前、热身练习中和热身练习后做伸展运动。许多球员可能有他们自己习惯的拉伸方法。

基础热身——区域跑

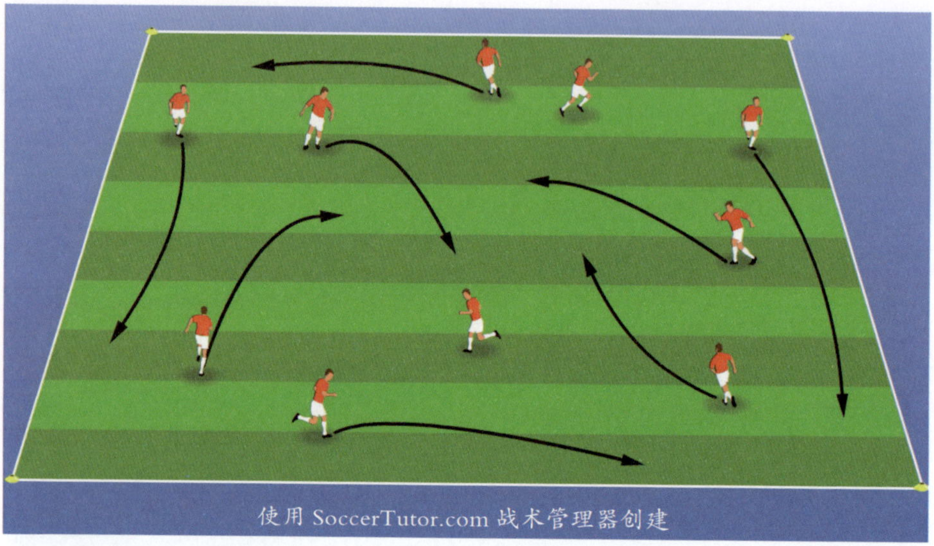

训练目的

进行一般灵活性练习。

训练组织

在球场标出一个区域，区域大小取决于球员的数量。可以将区域设计成不同的形状，如矩形、三角形或圆形。

与波浪跑的不同之处在于球员可以自由移动，并在区域内选择自己的跑动路线，不断地改变方向。

指导要点

（1）要求球员用跑动来创造空间。

（2）鼓励球员改变方向和采用不同的跑动方式，如侧滑步。

（3）要求球员在训练中抬头并注意周围的球员，以避免球员相互冲撞。

在速度和协调性练习中变向

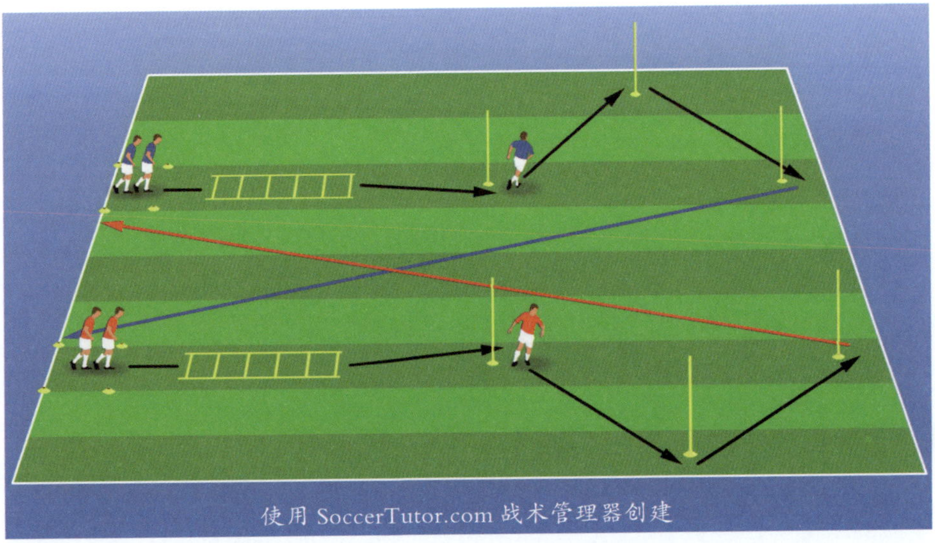

训练目的

热身，提高协调性，提升爆发力和速度耐力。

训练组织

将球员分成两列，依次在绳梯上进行协调性练习，在标志杆处变向并慢跑到另一侧终点处。

尽管这只是一个简单的练习，但教练可以通过更改顺序或添加额外的因素（如将绳梯替换成敏捷圈和栏架；增加 1 个球，让球员在带球时有变向动作）来对练习进行变化。

指导要点

（1）球员在绳梯上使用不同的技术，如在绳梯内触地 2 次，在绳梯外触地 1 次。球员需要用良好的节奏感和快速步法来完成任务。

（2）为了减速，球员在接近标志杆变向之前，需要缩短步长、屈膝。

（3）球员在开始做这个练习时速度应慢（因为这只是一个热身活动），随着练习的持续可以加速。教练应密切关注球员的练习情况。

跑动和更换位置的“追逐”比赛

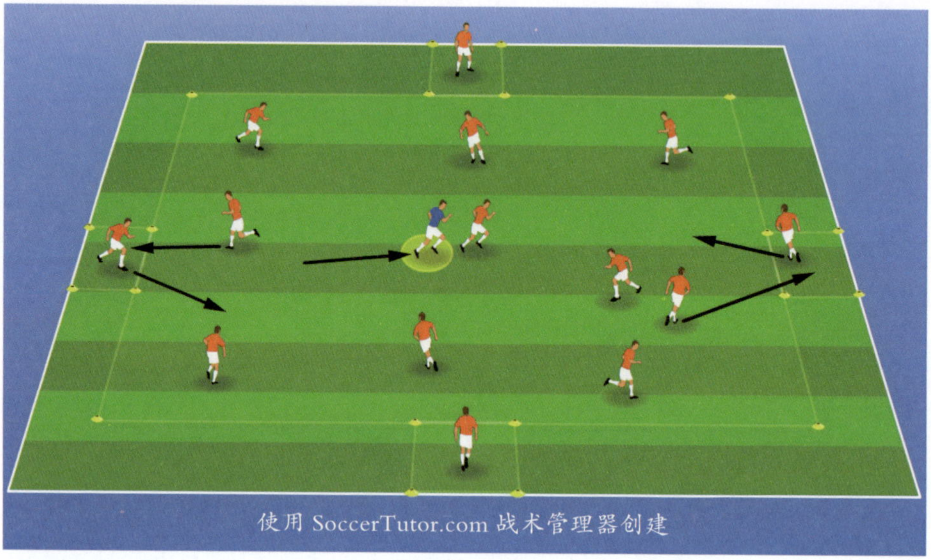

训练目的

训练速度、加速能力、场上反应和意识。

训练组织

这是四个无球热身练习中的最后一个。该练习有娱乐的成分，如果利用得好，可作为激发球员兴奋性的催化剂。

在场地内标记出一个大的矩形区域，每边都有一个小的正方形，如上图所示。在主区域内有一名球员尝试“尾随”其他球员，但不允许尾随小正方形内的球员。教练要经常更换这名球员（上图中的蓝色球员）。

一个小正方形内每次只能有一名球员。如果第二名球员跑进小正方形区域，那么区域内的球员必须离开。

指导要点

（1）可以再增加一名蓝色球员，以增加运动的强度。

（2）球员应保持持续移动并不断地变向。

（3）保持这个练习流畅进行、避免球员之间发生碰撞的关键是球员要有良好的场上意识和反应。

有球热身示例

技术：三人一组传球

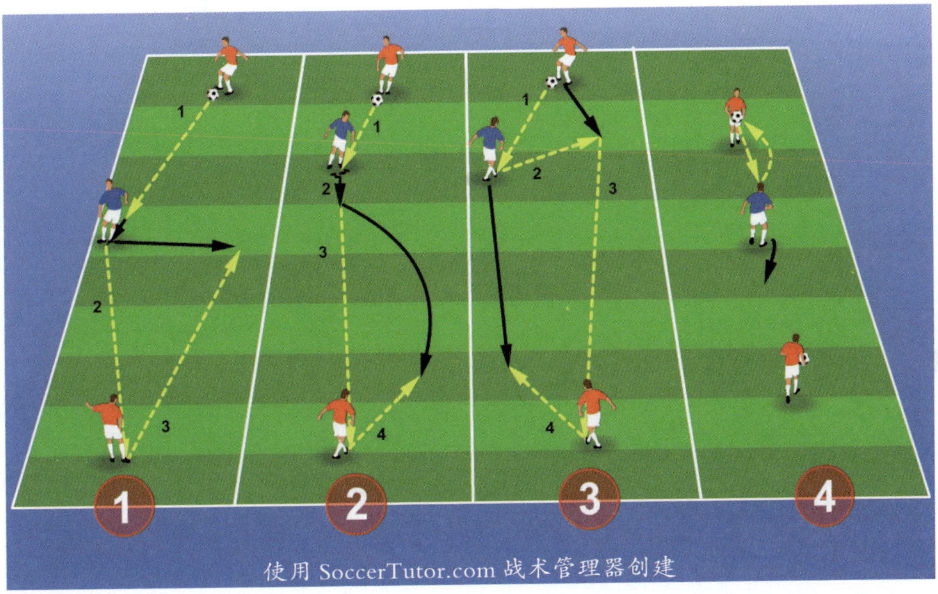

训练组织

第①组：站在中间的蓝色球员从一端移动到另一端去接球，然后随意地把球不停地传到两端。

第②组：站在中间的蓝色球员向一端移动，并在侧边的某个位置接球，控制好球后转身把球踢到另一端。

第③组：站在中间的蓝色球员从一端移动到另一端，红色球员与其练习二过一的配合，然后长传至对侧红色球员。

第④组：蓝色球员与红色球员距离较近，红色球员用手持球，把球掷给站在中间的蓝色球员，蓝色球员用头球回传，然后转身 180° 面对另外一侧的红色球员。

指导要点

（1）球员应该用位置靠后的那只脚接球。

（2）站在中间的球员在接球时应该是半转身，让球滚过身体。

有球热身活动并不会增加球员受伤的风险。球员和球之间的关系是足球运动的关键要素。因此，可以在训练课开始就使用球员间简单的配合或个人的基本技术练习。这对球员来说也更有激励作用，也更容易过渡到训练的主体部分。

技术：在一定区域内传接球

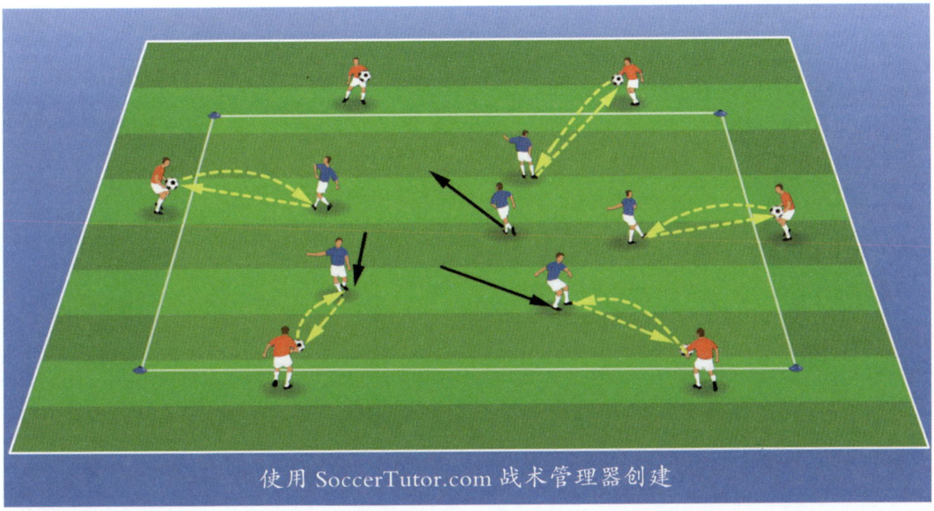

训练目的

练习接、传地滚球和空中球。

训练组织

在 20 米 ×15 米的区域内，红队球员在区域外用手持球，无球的蓝队球员站在区域内。红队球员把球掷给蓝队球员，蓝队球员将球回传后移动到另一个红队球员面前重复同样的动作。

红、蓝双方球员要经常更换角色，以保证双方球员在区域内外的时间一样。

变化

（1）停球并回传、一脚球回传、头球回传、空中停球并凌空回传。

（2）站在中间的蓝队球员从区域外的红队球员处接球后，把球带到另一个红队球员处并传球，然后移动并从另外一个红队球员处接球。

指导要点

（1）站在中间区域的球员应该一直保持移动。

（2）凌空截击和颠球有助于增加关节的灵活性。

"Y"字传球并与中间人做配合

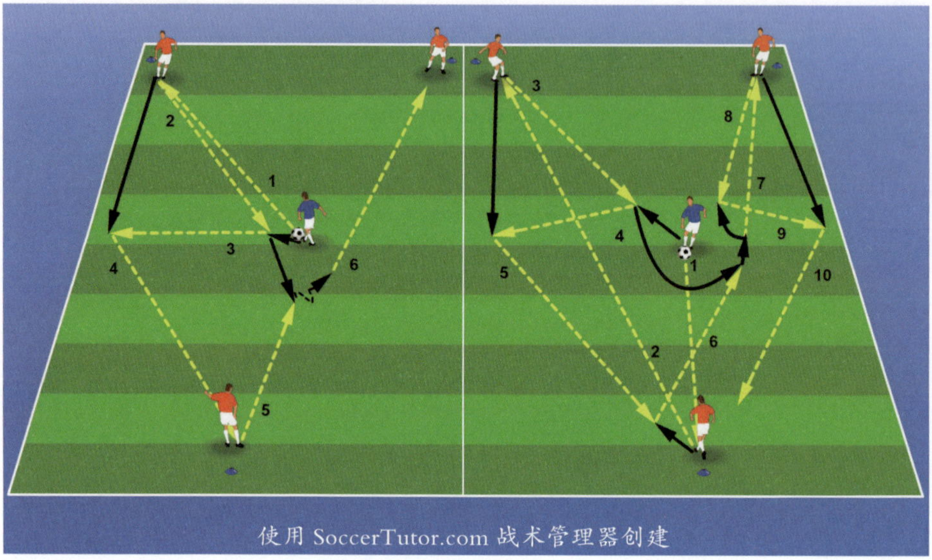

训练目的

在热身时提高短传和掌握跑动时机的能力。

训练组织

将球员分成 4 人一组，用一个中间球员（蓝色）将他们排成"Y"字形。球从一端传给中间人，由中间球员转移到另一端（传球和移动）。如上图所示，传球的顺序用数字和虚线表示，跑动用黑色箭头表示。

"Y"字结构可以增加球员传球的次数和难度。右边的图展示了一个很好的练习范例。

传球序列也被称为技术图，代表预先设定的传球路线和跑动配合，是组织有球热身的常见方式。（上图中的数字表示传球的顺序）

指导要点

（1）球员应该用后边的脚（离球最远的脚）传球和接球。

（2）传球的力度和时机是练习节奏的关键。

双人控球练习

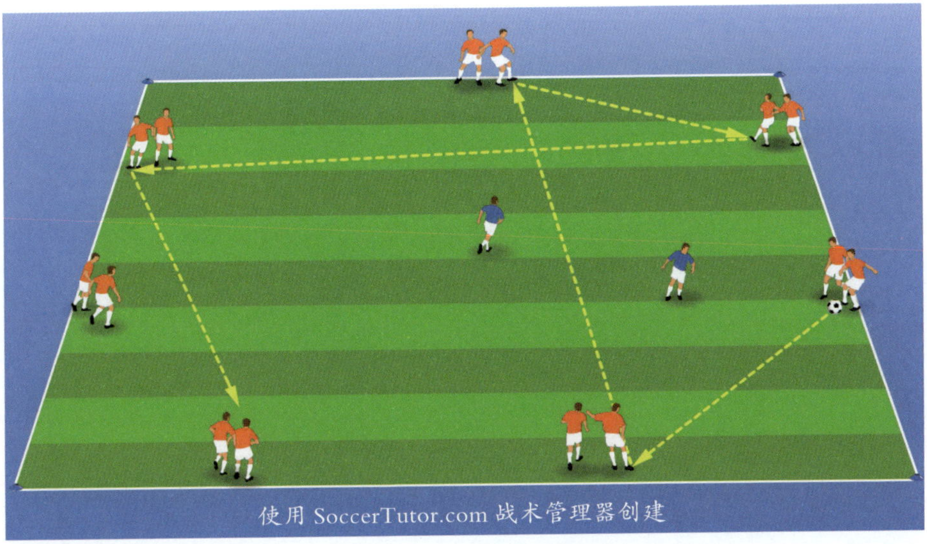

训练目的

保持控球，培养球员的传球能力和空间意识。

训练组织

标记出一个适合球员人数的区域。球员 2 人一组，并一直保持手拉手。在上图中，有 7 对球员站在区域外，2 名防守队员（蓝色）站在区域中间防守。2 人一组的球员只能触球 1 次，站在中间的防守球员必须努力抢球。

变化

限制球员只能触球 1 次，两人一组的球员不能相互传球，中间区域的球员必须手拉手等。

这是一个可以激励团队合作的娱乐性游戏，有趣和令人神经兴奋的练习内容超出了技术和战术范畴。

指导要点

（1）充分利用空间：依靠区域外球员良好的移动来充分利用场地的宽度。

（2）球员需要与搭档默契配合，用正确的身体姿势来完成 1 次触球。

热身中的战术阵型和打法

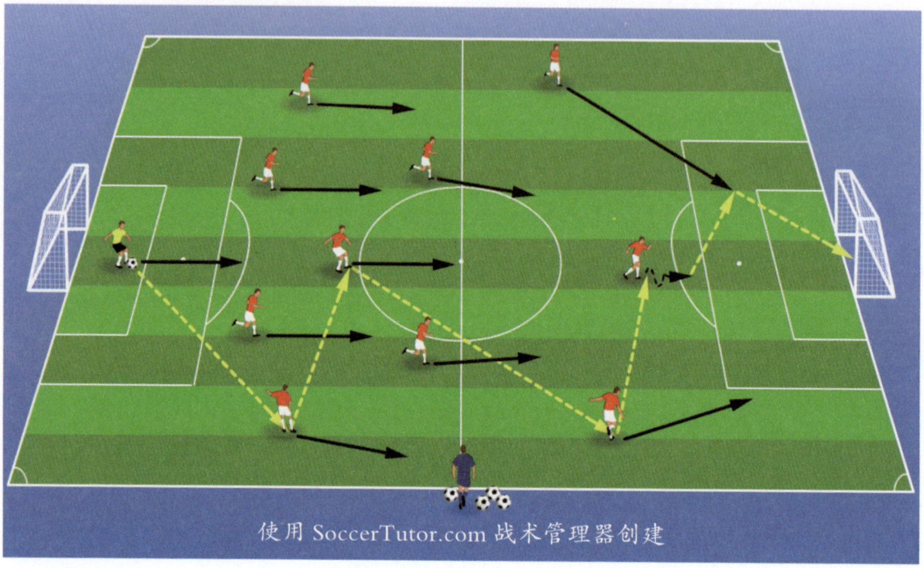

训练目的

进行一般灵活性练习，同时培养控球阶段的战术意识和传球意识（建立打法）。

训练组织

球员在全场按照球队阵型站位（上图采用的是 4-3-3 阵型）。教练第一次吹响哨子，球员们进行 1 分钟前进后退的热身练习（沿着一个想象中 10 米 ~ 15 米的线）。

1 分钟后（第 2 分钟），教练吹哨，11 名球员开始如上图所示的路线传接球。场上只有 1 个球，球员必须从自己的位置开始跑动并把球传起来，以进球结束。

1 分钟后（第 3 分钟），教练吹哨，不用球进行一次更大强度的热身练习。1 分钟后（第 4 分钟），教练吹哨，球员进行与第 2 分钟相同的传球和跑动。

变化

（1）无球阶段热身的变化：① 前锋带领其他球员来做这个练习，其他球员必须跟着他完成相同的练习。如当前锋转身时，其他人也必须转身（就好像有人来压迫球一样）。② 每分钟增加一次热身运动的强度。

（2）有球阶段的热身变化：① 使用 2 ~ 3 个球，让更多的球员积极参与。② 球员总是触球 2 次并保持不停地移动。③ 不是所有阶段的持续时间都必须是 1 分钟，时间可以长一点，或者是 1 分钟的无球热身和 2 分钟的有球热身。

这个最后进行的练习是具有战术特点的热身运动，与之前的练习不同，所进行的活动基于球员在阵型中的位置。这种热身活动可以让球员快速地过渡到战术训练或定位球练习中。进行这个练习时，教练组的成员互相配合是必不可少的。

指导要点

（1）球员应该根据球的位置集体移动。

（2）教练可以在练习中随时喊停来纠正球员的位置、移动或传球。

2.2 训练课的主体部分

训练课的主体部分必须与团队的打法和训练方式相一致，因此需要教练组所有成员的积极参与。训练目标要基于比赛的战术，并结合足球特定的场景。教练需要鼓励球员在训练中积极主动做出决策并提高球员对比赛的理解力。训练内容必须与训练量、训练强度，以及球队目前在赛季中所处的阶段相对应。

训练计划要体现教学和学习的方向。为了能够实现最初设定的目标，训练计划要详列训练组织的方式。

毫无疑问，球员个人的水平在很大程度上决定了训练内容的选择。因此，如果训练对象是刚刚参加足球运动的青少年球员，那么训练目的和训练内容应该与他们早期的发展阶段相适应。举例来说，10 ~ 11 岁的青少年球员没有足够的能力来感知空间和时间的结合，就没有必要让他们进行比赛阵型的演练。

本书将重点介绍训练课设计的两个基本参数：复杂训练内容的设计以及训练强度的分配。

复杂训练内容的设计是训练课主体部分的第一个参数，反映了教练在解决比赛相关场景可能面临的问题时的处理方式，设计的内容不应该是难以完成的，而是球员在竞技比赛中实际要完成的技术动作。举例来说，球员在跑动过程中做一个空翻后紧接着射门是个高难度的练习，但这并不是足球比赛中会出现的技术动作。在某些情况下，“复杂训练内容”这个术语可能与专项特征有关，也可能会引起争议。

是一名后卫独自从后场带球向前，在没有任何对手防守的情况下传中具有专项性，还是球员在小场地对抗训练中有同伴有对手的情况更具有专项性呢？这个问题可能会有不同的答案，因为前者是一个分析性的、封闭式的问题，而后者则代表一种整体行为，没有考虑球员的场上位置。出于实际分类的目的，小场地对抗训练会更复杂，因为它需要球员在决策过程中做进一步的调整。有些教练可能认为后一个问题不像前一个问题那么具体，但是这些类型的练习可以作为与球队比赛模式相关学习活动的基础。

与训练课主体部分相关的第二个参数是训练强度的分配。在足球运动中，虽然“体力”这个词语通常与体能相关联，但实际上它涵盖了球员的所有方面。教练需要管理每个练习中所有变量：参与练习的球员人数、场地空间、持续时间（组数和重复次数以及它们之间的恢复期）和规则，以确定负荷强度。

改变练习中的任何一个参数，都可能会产生截然不同的效果。如在6V6小场地对抗训练中，越位规则的存在肯定会影响训练的模式（认知、动作和能量代谢）。

复杂训练内容的设计

“复杂”的含义包括了训练实践所涉及的难度或复杂程度（Díaz Otáñez，1982；Bompa 1999），它与球员的认知需求密切相关。当谈到这个主题时，Seirul·lo所起到的作用特别重要，因为他是给团队项目专项训练带来更多启示的作者之一。根据一些专业人士（Seirul·lo，1987，1994，2001；Solé，2002，2006，2008；Roca，2011）的研究，本书提出了复杂训练内容设计的四个层次，见图2-3、表2-1。每个层次都涵盖前一个层次。这些层次也适用于青少年足球运动员的发展阶段。但是，为了实现对球、身体和比赛的掌控，球员必须要控制个人的情绪。任何随意的动作背后都有心理和社会认知因素的影响，如果不控制好情绪，球员就不可能在比赛中和自身发展中取得进步。

把握好复杂训练内容设计的层次旨在帮助教练基于球队打法的原则和子原则建立进阶式的训练方法体系。教练应根据球员的能力或者球队在赛季所处的阶段，将练习的重点放在较基础的阶段（青少年阶段、赛季的第一周）或较复杂的阶段（顶级球员、竞赛期等）。

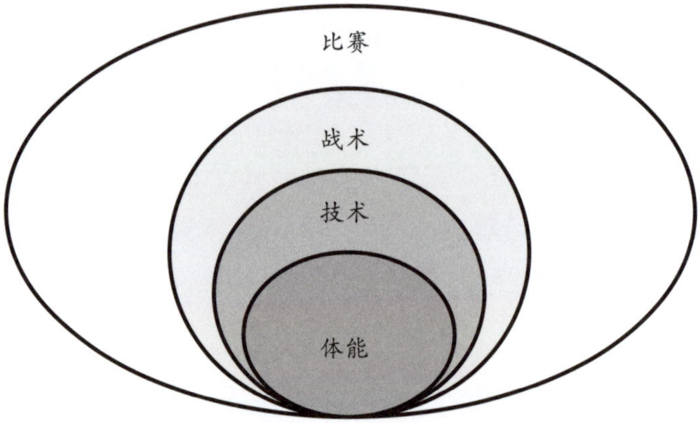

图 2-3　复杂训练内容设计的四个层次

表 2-1　复杂训练内容设计的四个层次及其基本特征

第一层：体能	无球练习和非专项化决策的练习
第二层：技术	有球的专项协调性练习和非专项化决策的练习
第三层：战术	球员的决策过程受到外部因素的影响
① 传球训练	球的移动先于球员的移动
② 控球训练	球员和球的移动，没有场上位置的要求
③ 有场上位置要求的训练	球员和足球的移动，穿插有场上位置要求和比赛目标的训练（1 ~ 2 个比赛阶段）
④ 有场上位置要求的比赛	球员和球的移动，有场上位置要求和目标的比赛，各个阶段都有规则限制
第四层：比赛	规则限制少，以比赛为导向来执行规则

体能

第一个层次（体能）没有要求球员进行技术和战术（专项化的决策）训练，包含了所有传统的无球体能训练，主要是以能量代谢为导向。

该层次的练习并非仅仅适用于足球项目，也可用于其他具有类似体能需求的团队运动项目，如曲棍球或橄榄球。在某些情况下，唯一的相似之处是具有间歇性的位移模式。这种位移模式不会成为影响训练内容的问题，但需要知道使用它的确切时间。

技术

第二个层次（技术）包括为发展球员个人的技术或发展球队整体的技术而设计的练习。这些练习是基于球员完成动作的机制，提高球员完成动作的协调性以及解决与比赛相关的技术问题，目的是发展或刺激球员专项化的协调性动作模式（技能）。这与有球的热身运动在质量要求上会有所差异，因为有球热身的目的只是将球员引入训练课。只要遵守训练规则，在两种情况下可以使用相同类型的内容。例如，在一项 3 人一组的配合练习中，所有球员都需要经过 3 个位置（将球传中到罚球区或者努力射门得分），这可能是一个热身活动，也可能是一项技术训练，因为教授技术要求不同于球员在场上的位置需要。

战术

第三个层次（战术）试图再现部分或全部的专项训练活动，决策过程是练习的重点。训练必须有利于球队打法的巩固，因此这个层次应该是场地内训练体系的核心。葡萄牙波尔图体育科学家 Vítor Frade 和 Guiherme Oliveira 教授提出了一种新的足球训练方法——战术周期（Tamarit，2007）。

战术周期训练方法的主要特征之一是教练必须根据球队的比赛风格来组织训练（Rui Faria，2007）。这意味着体能和技术部分的训练通常被割裂，而基于球队比赛理念特征的原则和子原则的训练应优先考虑（Frade，2012）。

训练必须以专项化为导向，包括足球体能、技术、战术和心理四个维度，以及比赛的四个阶段，即进攻、防守、由守转攻和由攻转守(Tamarit，2007)。

在谈及复杂训练内容设计的标准时，战术训练进一步分为传球训练、控球训练、有场上位置要求的训练和有场上位置要求的比赛四个子层次，这形成了球队比赛模型的每个原则和子原则的教学和学习进阶。

· 传球训练

传球训练采用基本的战术思维，且优先考虑球的移动而不是球员的跑动，代表了传统控球练习的较高水平，因为引入了比赛规则来进行限制。关于这种练习的例子见 6 (+1) V3 传球练习。

6（+1）V 3 传球练习

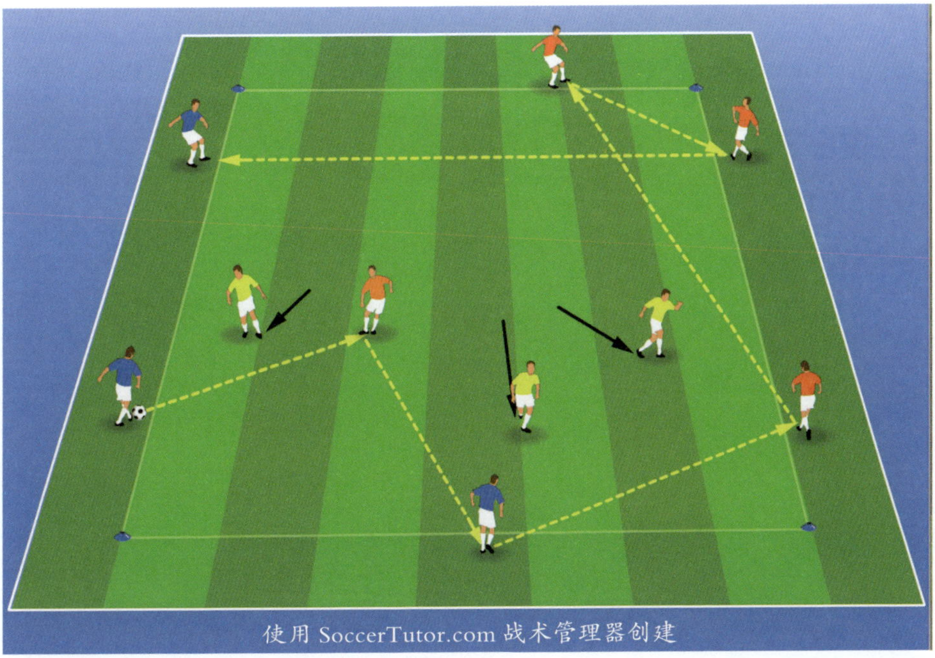

训练组织

10 名球员（分成 3 组，每组 3 名球员，加上 1 名中立球员）在 20 米 ×10 米的矩形场地内进行传球练习。其中 2 组球员位于矩形场地外（每条边线有 2 名球员，每条底线有 1 名球员）。中立球员站在场地中间提供支援。位于矩形场地内的第 3 组球员试图赢得控球权。

变化

（1）限制所有球员触球 2 次。

（2）限制外场球员触球 2 次，中立球员触球 1 次。

（3）限制所有球员触球 1 次。

达到一定数量的传球次数后交换角色，并让球员有一定的身体恢复时间。

控球训练

此类练习包含了在一定空间内控球的所有练习。在传球过程中，强调球的移动比球员的跑动重要，而控球练习必须结合球的移动和球员的跑动（重点是创造空间）。设计控球练习时要更多地考虑战术原则。这种练习的例子，即 8V8 的控球比赛，比赛中对球员的跑动没有限制，如下图所示。

8V8 控球比赛

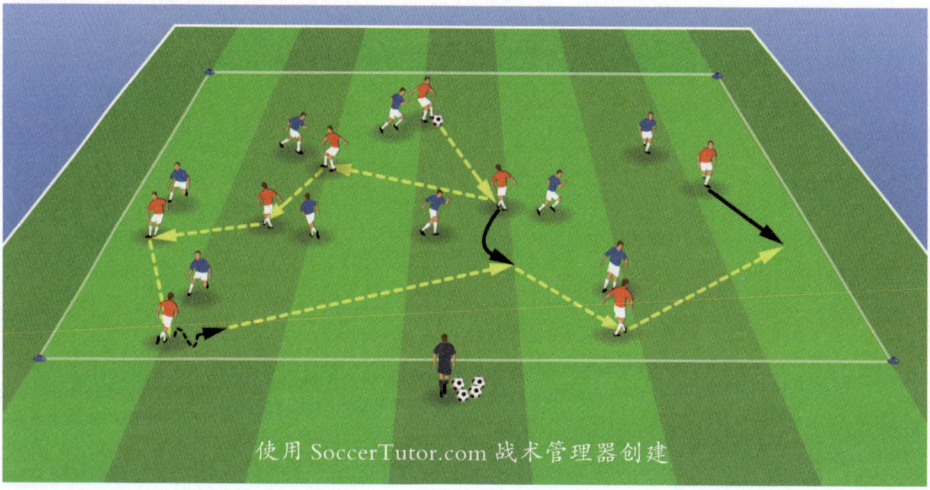

训练组织

球员进行一场自由的 8V8 控球比赛。在球被踢出场时，教练要及时给予 1 个新球。

指导要点

（1）接应同伴传球的球员应正确地选择角度和距离，教练应进行监控。

（2）持球队员周围至少有 2 名球员（一左一右）为其快速传球提供选择机会。（译者注：原文中是中立球员，但从上图中来看，应该是持球队员。）

有场上位置要求的训练

控球练习层次的不同之处在于，球员需要履行他们在球队阵型中的位置职责。在这种高级别的训练中，球员从各自的场上位置开始，围绕比赛四个阶段（进攻、防守、由守转攻和由攻转守）中的一个或两个阶段练习。

练习的重点是根据球员场上位置职责对应的战术理念。下面展示的例子是 6 名球员（4 名前卫、2 名前锋）对阵 4 名后卫，外加 1 名守门员的练习。

6V4（+ 守门员）攻防练习

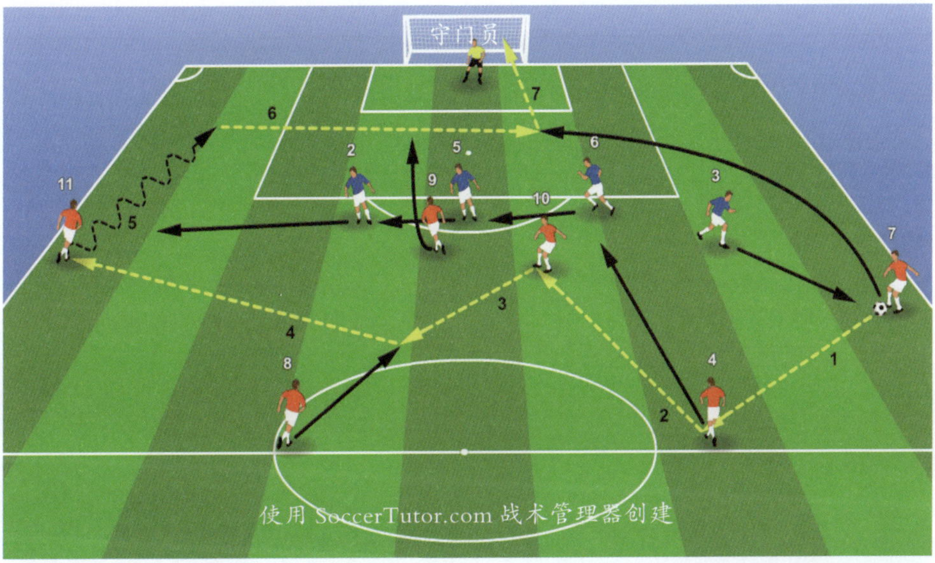

训练组织

练习从边路的一个进攻球员（红队）开始，红队球员要试图找到得分的机会。（上图中白色的数字表示球员在场上的位置，黑色的数字表示球移动的顺序）

球员在与同伴做配合进行整体打法的时候，跑动与选位是关键。教练要进行监控，必要时对球员做出指导。

每次练习以传中抢点射门得分或者出现死球的情况结束。

有场上位置要求的比赛

战术最后一个层次的训练考虑到了球员的位置和可以贯穿到比赛四个阶段的身体活动，与前面几个层次练习不同的是，引入一定的规则来组织比赛，并确定得分的方式。有限制性规则的比赛重点是学习特定的战术原则。

举一个 7V7 的例子，充分考虑球员的场上位置，球员在对方的“球门区”接球算得 1 分。

有球门区和特定位置的 7V7 小场地对抗训练

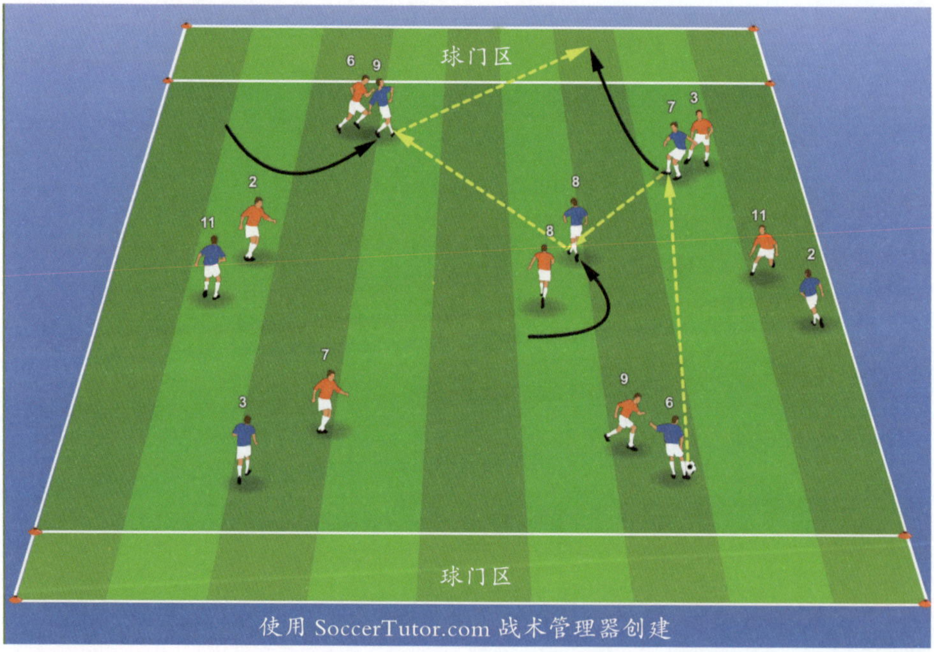

训练组织

在一个有 2 个球门区的场地内进行 7V7 小场地对抗训练。双方的阵型都是 3-3-1，每支球队有 3 名后卫、3 名前卫和 1 名前锋。每名球员按照各自的场上位置参与对抗。（上图中的数字表示球员在场上的位置）

在“球门区”成功接球的球队得 1 分。

比赛

比赛是复杂训练内容的第四个层次也是最后一个层次，与战术层次有位置要求的比赛联系不大，因为比赛层次是战术练习的演变。目的是模拟比赛场景，体现出战术原则。为了实现这一目标，比赛不能有很多规则，否则球员将受到过度的约束。这种练习的举例如下。

9V11 小场地对抗训练的防守战术

11 V 9
蓝队的目标是在规定的时间内不失分。
重点是保持三条线之间的距离、封堵对
手的传球线路、防守补位等。

训练组织

在两个罚球区之间的区域进行 9V11 比赛，蓝队在人数上处于劣势，目标是在规定的时间内不失分（由教练自行决定目标）。该练习鼓励球员在比赛对抗的情境下应用防守战术原则（保持三条线之间的距离、封堵对手的传球线路和防守补位等）。

除了战术控制和引入比赛原则之外，还可以通过引入其他变量来扩展训练要求，如参加练习的球员数量、组织形式（增加障碍物、指定方向、分区等）、训练负荷等，比赛阶段应该考虑这些变量。

训练强度的分配

训练强度的分配是训练课的第二个参数，基于球员的体能特征而设计。

球员的体能特征概述

· 身体移动距离

比赛分析是要揭示球员运动表现的各个维度，如果将球员运动表现中的体能、技术和战术分开来看，就会干扰训练过程。迄今为止，大多数在科技文献上公开发表的论文仅仅关注球员在运动过程中的能量代谢特点。

在过去的几年中，研究人员已经采用了许多计算机技术来量化足球运动员在比赛期间的体能特征。原始的手写计量系统已被复杂的计算机程序所取代，教练能够利用图像识别程序实时监控球员在球场上的位置（Mallo，2006）。如 Amisco 和 Prozone 等公司的商业化系统，揭示顶级球员在一场比赛中的身体移动距离约 11 千米（Rampinini 等，2004；Zubillaga，2006；Bradley 等，2007，2009；Di Salvo 等，2009）。身体移动距离可以用来衡量球员在比赛中的负荷量。球员如果没有运动强度，则身体移动距离就缺乏重要意义。顶级球员在每场比赛中，高速跑（速度大于 14.4 千米 / 小时）和最高负荷强度跑（速度大于 19.8 千米 / 小时）的平均距离分别为 2.5 千米和 0.9 千米（Bradley 等，2009）。比赛等级（Mohr 等，2003）、比赛类型（Dellal 等，2011a）、比赛位置（Carling 等，2008；Bradley 等，2009；Di Salvo 等，2009）和球队阵型（Bangsbo，2003）是影响球员身体移动距离的因素。

· 心率

在比赛期间监测球员的心率反应也可以评估其内部负荷。心率测定是一种广泛用于监测运动者心血管强度的实验技术（Achten，Jeukendrup，2003）。球员在比赛期间测定的平均心率大约为最大心率（HR_{max}）的 85%（Stolen 等，2005）。

目前在训练环境下使用某些设备测定球员体能，可以同时测定外部负荷（使用 GPS）和内部负荷（使用心率监测器）。

· 冲刺跑

在测定球员身体移动的总距离和高速奔跑距离的同时，监测球员的冲刺跑能够估计球员完成加速（冲刺）和减速的次数。与速度或方向变化有关的动作对球员的肌肉和关节有很大的影响，会增加球员发生损伤的风险。最近的研究试图在计算各种类型活动的身体代谢率后更准确地报告这些活动的体能需求特征（Osgnach 等，2010；Colli 等，2011）。

数据的滥用

如今，积累比赛和训练的数据变得简单。在某些情况下，数据也导致比赛失去了本身的特点。几十年前，人们认为大多数进球都是在短时间的活动之后发生的，触球次数很少，几名球员通过三传两递的配合就能够进球（Reep，Benjamin，1968）。

斯堪的纳维亚半岛的国家错误地将比赛的统计数据解释为进攻越直接，进球的机会就越大。数据必须具有针对性，并且应始终在专项场景中处理。不考虑针对性和专项场景因素可能会导致荒谬的结果，即没看过比赛或训练课的人从已测定的数据中解释其含义是不可取的。例如，一些分析师可能会为一名球员在训练课上较长时间处于高心率状态而感到自豪。但分析师没有看到实际情况，这可能意味着这名球员在比赛中较为积极，还可能是由于球员在比赛时选位不佳，而跑得更多，从而消耗了额外的能量，所以这名球员实际上是踢了一场效率非常低的比赛。

· 球员技术和战术分析

直到最近几年，技术和战术的变量才开始出现在足球国际文献论文中（Lago，Martin，2007；Lago，2009；Tenga 等，2010）。这扩大了研究对象的范围，并对比赛期间发生的场景进行了定性解释。对于球员来说，进行大量高强度的身体活动非常重要，但他必须知道为什么要这样做。一名能多次进攻到对方罚球区的后卫的体能很好，但如果他的传中球不精准，他的表现对球队的整体利益就没有任何明显作用。以相同的场上位置的球员作为参考，如果某位球员由于选位不佳而进行了长距离的冲刺来回防补位，这也是无意义的。

观察者的眼睛

尽管从科学的角度来看，观察者的肉眼不能被认为是一种高度可靠的工具，但以分析数据为目的，肉眼观察可以提供非常有效的数据。教练每天参加训练课并与球员及其他工作人员交换相关信息，可以提供比任何脱离背景分析更有用的数据。因此，教练必须正确管理所有外部资源，以提供正确的反馈并改进训练体系，即始终视数据为辅助。

训练强度概述

在现代足球的分析中，一直在使用“强度”这个术语。实际上，如果一名主教练不把强度作为球队训练的参数是很奇怪的。主教练通常将强度与体能联系起来，这是传统训练负荷的一个方面（Platonov，1988；Weineck，1988；Verjoshanski，1990）。

对“强度”这个参数的解释不应局限于体能维度，而应将其视为贯穿复杂训练内容各个层次更宽泛的概念。由于顶级球队中最多的训练是基于战术和竞技水平，因此训练强度需要与解决比赛中遇到的问题的认知需求相关联。例如，有人（Mahlo，1969）开发的传统战术行动方案，包括感知和比赛分析，解决心理问题和完成动作应答，结果证明这与训练强度有很高的相关度。顺着这一思路，“注意力强度”（Mourinho 等，2007）应该是球员在比赛中分配体能的决定性因素之一。从这个意义上说，球员在关键战术方面提升选择性注意力是至关重要的。

绝大多数体能教练愿意采用大量的生物学参数来设计训练，而不去研究可能会影响学习过程的神经科学问题，以及引起中枢神经系统疲劳的因素。举个例子，体能教练可能认为他们取得了成功，因为赛后的数据表中验证了球队在比赛中的跑动距离超过对手，尽管球队在比赛的最后一分钟被对手的一个定位球绝杀，这可能是因为球员跑得太多以致过于疲劳，无法在比赛最后时刻保持必要的注意力集中。

相反的情况也有可能发生。一支球队由于拥有更好的整体技战术组织，即使在比赛中的高强度跑动距离较少也可能会赢球。这可能意味着球员能合理地选择场上位置，他们的负荷量是最佳的，产生的疲劳就很少。教练在进行整体分析时要考虑比赛的实际情况。

心理影响

足球比赛或训练课的能量代谢可以通过间接方法来估算。为此，比赛时会监测球员在场上的心率反应，心率值与实验室中的摄氧量测定值有关。但如何量化球员在比赛时的精神耗能仍然不确定。

球员在每次训练或比赛时，神经系统需要消耗多少能量？

精神压力在每种情况下都不尽相同。例如：在小场地对抗训练中，教练的存在与否都会影响球员注意力的集中程度；在比赛的最后一分钟，比分为 1 ：0 和 4 ：0 两种情况下，球员在防守角球时的精神压力也是不一样的；世界杯决赛中，球员在罚球点球时的精神压力比在友谊赛中要高得多。

教练在设计和安排训练时，要尽可能使球员具有与真实比赛相同的精神压力。

本书在理论上提出了训练强度的五个层次，这五个层次分别对应三种类型：低强度、中强度和高强度，见表 2-2。

表 2-2 强度类型、训练强度及其主要特征

强度类型	训练强度	主要特征
低	低强度	训练强度远低于比赛强度（积极性恢复——通常用作训练课后的再生恢复训练）
中	中强度	训练强度低于比赛强度（不是再生恢复训练）
高	长时间高强度	训练强度大于或等于比赛强度，且持续时间长
	短时间高强度	训练强度大于比赛强度，且持续时间短，不完全恢复
	最大强度	最大强度的训练；持续时间短、完全恢复

低强度

负荷强度的第一类是低强度。训练强度远低于比赛的实际强度。低强度的训练包括所有旨在实现主动恢复的再生训练。

中强度

负荷强度的第二类是中强度。中强度的训练包括所有低于比赛强度阈值的非再生恢复训练。设计此类强度的训练时可以提出以下问题：当球员在整场比赛（每分钟）中都需要高度的注意力时，是否有必要设计这种强度的训练？

高强度

- **长时间高强度与短时间高强度**

科学研究结论对于足球运动员和教练来说是复杂的，因为高水平比赛要求与实验室要求的差异很大，但研究结论表明球员可以进行长时间高强度的训练。本书介绍的长时间高强度训练的特征是将高强度和长持续时间相结合。根据复杂训练内容设计的层次（体能、技术、战术或比赛），

以一种或多种方式来设计训练，这将在下一个部分进行解释。

Knicker（2011）报道，中枢神经疲劳可能是由多个因素引起的，这意味着足球运动员不仅要在比赛的90分钟内保持精神高度集中的强度，而且要有高强度的决策需求，即在较短时间内找到解决方案。短时间高强度的练习就是试图通过练习间不完全恢复的高要求来复制比赛时的行为模式。

长时间高强度和短时间高强度训练的目的是减少中枢神经系统的疲劳对球员表现的影响。

球员之间技术能力的差异可能不是由于疲劳造成的，而是由于其运动表现的限制因素造成的。举例来说，如果一名球员在比赛的第一分钟与守门员在1V1的情况下做出了一个糟糕决定，这可能是由于这名球员无法正确做出决策引起的而非认知疲劳引起的。如果相同的情况出现在比赛的最后一分钟，那么疲劳可能是重要的原因。

· **最大强度**

最大强度训练的设计是以突出强度为目标，与短时间高强度训练的差异在于恢复时间较长。

在现代足球中，对速度的重视已经单纯地超越了体能视角，被认为从场上形势分析到执行动作应答都发挥重要作用。对球员快速思考的要求和行动的空间与时间的减少，意味着那些没有能力进行最大强度比赛的球员无法在精英足球中生存。因此，速度是划分球员运动表现等级的标准之一。

顶级球员能够快速解决比赛中的具体问题，因为他们有更好的感知能力，能够预测球场上将会发生什么，然后更好地做出决策和执行下一步的技术动作。一些研究探讨了足球运动员的感知和认知过程，结论认为那些踢更高级别比赛的球员能更快地移动双眼，从环境中捕捉相关信息。他们可以通过分析对手的身体姿势来预测对手的行为，并且能够识别自己所熟悉的比赛模式，更快地做出下一步的技术动作（Ward 等，2006；Vaeyens 等，2007；North 等，2009；Williams 等，2011）。

注意力强度

体能教练（或助理教练）并不总是有机会选择与谁一起工作。因此，这要求体能教练（或助理教练）有能力适应不同的比赛模式和训练方式。在某些情况下，训练目标可能没有那么明确，许多日常训练都可以包含在中等强度的训练中。有的球队主教练会有意采用中等强度的训练，但有时会因为训练方法和训练组织的缺陷导致训练不能达到足够的强度来刺激球员。为了解决这个问题，体能教练或助理教练必须具备敏锐的观察能力，善于发现训练计划的不足，设计弥补性的练习以达到训练的要求。

教练希望球员在比赛期间表现出高强度状态。为了实现这一目标，训练课的强度应与比赛时的强度一致，甚至更高。球员要能够保持高强度的注意力至少 90 分钟。如果没有测量工具客观地测量球员在比赛时的精神应激，那么如何监测球员的注意力强度呢?

对许多教练来说，监测球员的注意力强度是控制训练负荷要考虑的问题之一。解决此问题的方案是制订一个相对科学的训练体系。

训练课必须有一个不可或缺的经费预算来保证训练的环境（可用的场地、设备等），让球员在“战术集中”（Tamarit，2007）的状态下来训练。

严肃性和专业性是绝大多数精英球队训练课的特征，但足球运动员的心理要达到这种标准并不容易。有建议（Ricard，2011）教练对球员进行心理训练，以帮助球员学习集中注意力的方法。如果一个人深入地投入到自己的工作中，注意力集中，废寝忘食，这种精神状态（Csikszentmihalyi，1990）会有巨大的好处，促进球员达到这种状态将成为训练体系的最终目标。球员在每次训练中达到绝对专注，可以从训练中获得最大收益并能提高球员个人的能力和球队的能力。球队也可以从每个球员的绝对专注中提升竞争力。

教练一旦创造了合适的训练环境，并将训练理念传授给了球员，就可以进一步研究帮助球员实现高强度比赛模式的训练方法。

教练应该利用正确的训练条件（球员数量、空间、持续时间和规则约束等）来帮助球员达到训练目标。有文献证明精神疲劳会损害球员的运动表现（Marcora 等，2009），因此大脑需要专门针对竞争的训练。有趣的是，大脑的工作方式与骨骼肌相似，在经过高强度的运动后，大脑中的糖原贮备就会消耗殆尽（Matsui 等，2011），并且可能会诱导糖原超量恢复暂时发生适应变化（Matsui 等，2012）。

图 2-4 展示了不同类型训练强度与注意力强度之间的关系。在某种意义上，这代表了球员训练的节奏（步幅 / 速度），显示出其认知过程的节律及持续时间。

尽管可以定义运动强度，但在训练实践时并不那么容易。

无球练习或技术训练需要有更精确的强度分类。在同时参与训练的球员数量很多时，分析的难度会增加，因为更多的变量影响着训练效果，如球员的个人能力、队友和对手离球的距离、哪支球队控球更多等。

教练设计的训练计划必须让大多数球员参与训练，同时始终考虑每个球员在训练中的反应。此外，相同的训练可能会产生不同的效果，具体取决于球队处于赛季的哪个阶段。一般来说，任何练习在第一次训练使用时，需要球员有更好的认知，因为技术动作的控制需要大脑的意识。一旦练习开始重复，大脑就会在无意识的情况下完成技术动作，随之出现的就是能量的节省（Tamarit，2007）。

举一个例子，教练设计的第一次练习是进攻模式（11V0），球员就需要高度集中注意力。如果球员每周重复这个练习，动作就会变得机械，活动控制就会转移到大脑皮层中不同的区域。这是注意力从高强度到中强度的实例。教练如果想在此基础上增加需求，可以引入不同的元素来改变球员的大脑稳态，如限制球员触球的次数、加快训练的节奏和增加防守球员等。

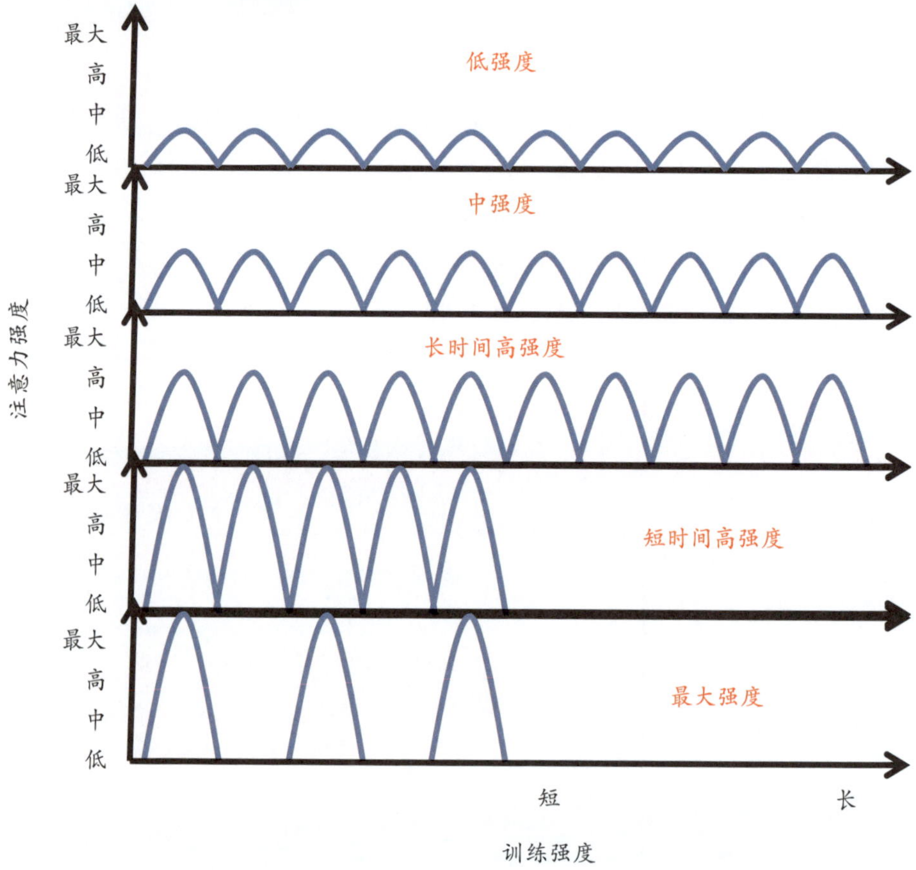

图 2-4 不同类型训练强度与注意力强度之间的关系

不同强度的训练组织

本部分概述了复杂训练内容（体能、技术、战术和比赛四个层次）与运动强度（低强度、中强度、长时间高强度、短时间高强度和最大强度）相结合，将主教练和体能教练的传统观点融合在一起来组织训练的方法，如图 2-5 所示。这种创新的方法旨在帮助教练设计进阶式的训练体系和周期化的训练负荷。主教练必须了解如何通过改变运动强度在赛季的不同时刻使用相同战术训练的方法。体能教练需要设计出球员在达到生理强度的同时进行更复杂训练的方案。从这点来看，不同教练的角色没有明显的区别，教练在设计训练任务时需要具备一定的共识以优化训练并增加球员在比赛中取得成功的机会。当然，并非所有球员都会对训练产生相同的反应，完成教练部署的训练内容受到球员的能力以及球队所在赛季阶段的影响。本部分内容的主要目的是让读者讨论这个主题，并在设计训练课时更加具有创造性。

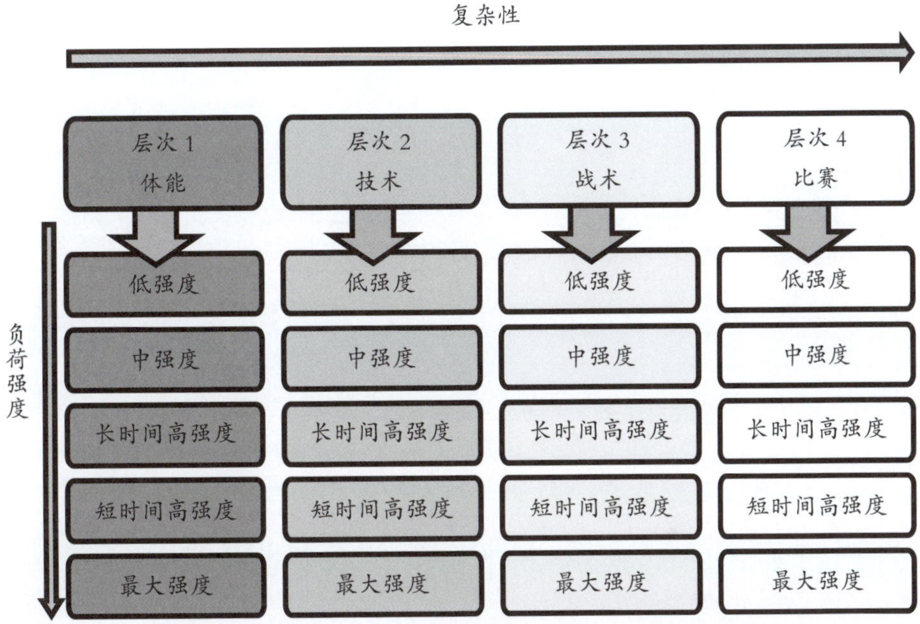

图 2-5 复杂训练内容的层次和训练强度的类型

不同强度的体能训练

复杂训练内容的层次允许我们最大限度地划分训练负荷的不同部分，因为训练负荷的组成是建立在闭合性练习基础上的，而闭合性练习通常是建立在个人基础上的。复杂训练内容的第一个层次是足球运动员传统的体能训练。

多年来，限制足球运动员运动表现的因素被分解成不同的部分。教练会将这些不同的部分单独分出来对球员进行训练，期望通过对不同部分进行单独训练的总和，来达到提高球员的最终运动表现的目的。改善一个体能指标，通过一系列跑动训练提高最大摄氧量，可以影响球员的运动表现。然而，系统化概念打破了这一观点，因为运动技能不能被列为绝对的部分，这种“分而胜”（divide and win）的算法脱离了人类必须不断地改变自己来适应环境的规律（Pol，2011）。为了使训练有效，球员就必须掌握良好的运动控制策略，并适应球队提升整体运动表现的内外部环境。

比赛后半段的疲劳程度

近年来，一些研究报告指出，足球运动员的体能表现在比赛的最后阶段下降。Mohr 等人（2003、2005）的研究结果显示，球员在比赛最后 15 分钟的高强度跑动距离少于比赛开始时。此外，在比赛后期，球员在本队控球时的高强度跑动距离也会受到影响（Bradley 等，2009）。

在比赛的最后 15 分钟，替补上场的球员比没有被替换下场的球员多了 25% 的高强度跑动距离和 63% 的冲刺跑距离，这些数据进一步说明场上球员速度下降的事实（Mohr 等，2003）。

球员的跑动能力在比赛的后期阶段下降可以有多种解释，糖原的消耗和脱水都是重要的原因(Rahnama 等，2003; Krustrup 等，2004）。然而，当分析只包含生物能量参数时，要确定产生疲劳的主要原因是非常复杂的。如前所述，中枢神经系统的疲劳可能是导致球员运动表现下降的最大因素。

分析这些比赛后半段跑动能力方面的数据以及球员在比赛过程中的知觉、决策和战术执行情况，来研究球员的认知疲劳是否会复制身体疲劳的模式，这将是一件非常有趣的事情。只有将球员的心理和意志方面的因素纳入到球员在比赛日的身体行为中，才能对球员认知疲劳有一个全面的了解。

· 低强度的体能训练

在大多数基础阶段，低强度的体能训练是为了使球员得到积极的恢复，而不是提高身体能力。低强度的体能训练是在足球场地上进行的，其中绝大部分由匀速的慢跑和速度有着轻微变化的跑动组成。此外，在场地上进行的预防损伤练习、热身活动和放松整理活动也可以归入这一类别。

低强度的间歇性训练　　24 分钟

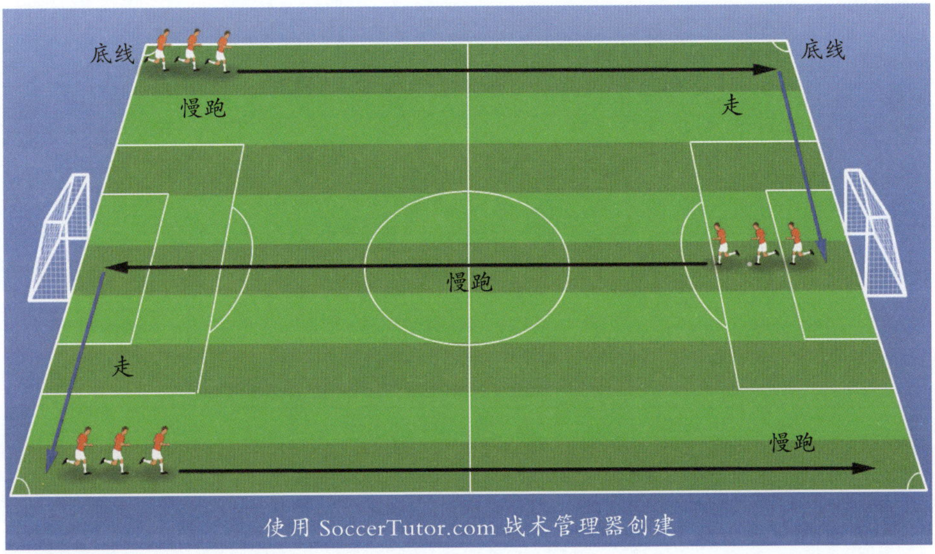

训练组织

如上图所示，球员们在球场上走跑交替：在两底线间慢跑，在两边线间的一半距离走动。

训练量

2 组，每组 8 分钟，组间间歇 4 分钟，每组完成后进行拉伸练习。

· 中等强度的体能训练

大量的体能训练可以积累体力。在职业足球中，似乎没有必要使用中等强度的体能训练，因为球员在一个赛季中已经接受了高负荷量的训练。由于足球比赛是间歇性的（不断地制动和起动），在非赛期或从伤病中恢复后的重新适应的第一个阶段，中等强度的跑动训练似乎是不适宜的。中等强度的体能训练的目的在于提高球员的有氧运动能力（跑动速度接近无氧阈值）、力量耐力或者跑动技术。有氧运动能力的评估应通过测定球员个体的无氧阈值来确定。

力量与协调性练习相结合、伴有慢跑的循环训练　24 分钟

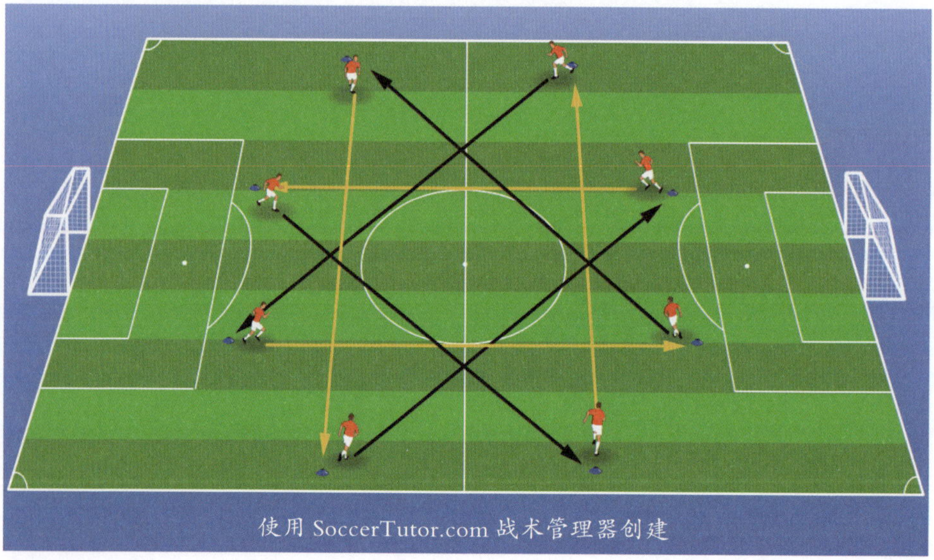

训练组织

一个循环训练，由力量性练习和协调性练习组成，共计 8 个练习。球员分别站在 8 个不同的标志桶处，先做 30 秒的练习，再慢跑 15 秒到下一个标志桶处做下一个练习。

训练量

3 个循环，每个循环包括 8 个练习（每个练习 30 秒，练习间有 15 秒的身体恢复时间），每个循环之间有 2 分钟的身体恢复时间。

· 长时间高强度的体能训练

长时间高强度体能训练的目的是为了应对球员在比赛后期体能下降的情况。提高球员长时间高强度的运动能力，可以使球员在高强度运动后加速恢复（Bangsbo，1994a）。足球运动中的长时间高强度体能训练一般都是从田径运动中继承下来的经典训练，如高速跑、间歇性训练（法特莱克）等。在此基础上，教练可以设计模拟球员在比赛中间歇性移动特点的训练内容。从生理学的角度来看，长时间高强度体能训练的目的是增加球员在单位时间内可获得的能量供应，优先考虑有氧代谢能力。一般用最大摄氧量来评估球员的有氧运动能力。

提高协调性和灵敏性的跑动循环训练 24 分钟

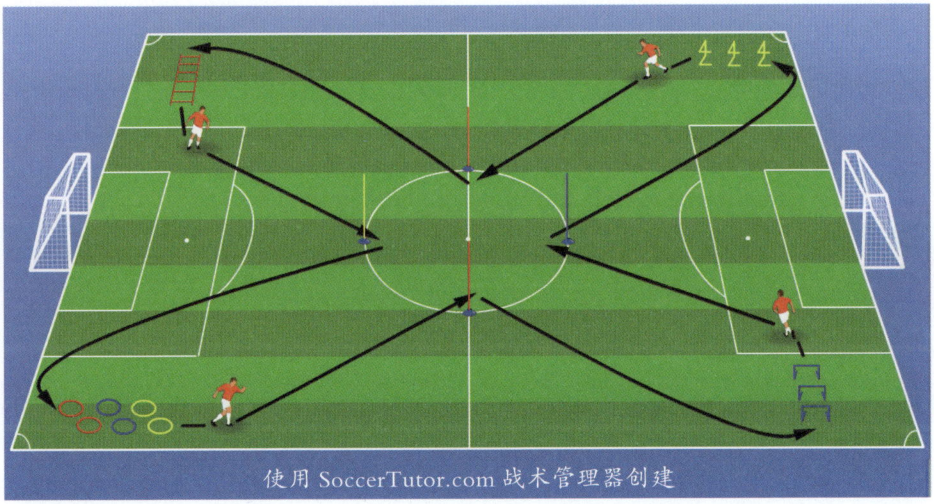

训练组织

该训练是一个循环性训练。在球场的每个角落设计 4 个不同的协调性练习。球员从中圈的旗杆处慢跑到角落后，马上进行协调性训练（绳梯、速度环或小栏架），接着以高强度跑到中圈的下一个旗杆处，再慢跑到下一个角落做协调性练习，直到跑完一圈。每圈的时间应该少于 4 分钟。

训练量

4 圈（每圈约 4 分钟），2 圈之间身体恢复时间为 2 分钟。

· 短时间高强度的体能训练

短时间高强度的体能训练试图提高球员反复进行高强度运动的能力（Bangsbo，1994b），训练采用连续的高强度方式来完成，练习之间不完全恢复，可以提高球员的重复冲刺（加速）能力（Fitzsimons 等，1993）。

不同的训练组织方式可以产生不同的神经肌肉反应。与长时间高强度训练相比，短时间高强度的体能训练能提高通过乳酸无氧代谢途径更快产生能量的能力，这种能力始终取决于不同的有氧变量（Meckel 等，2009；Da Silva 等，2010），因为剧烈运动之间的身体恢复是必不可少的。

协调性和爆发性速度耐力的循环训练　　30 分钟

A 部分

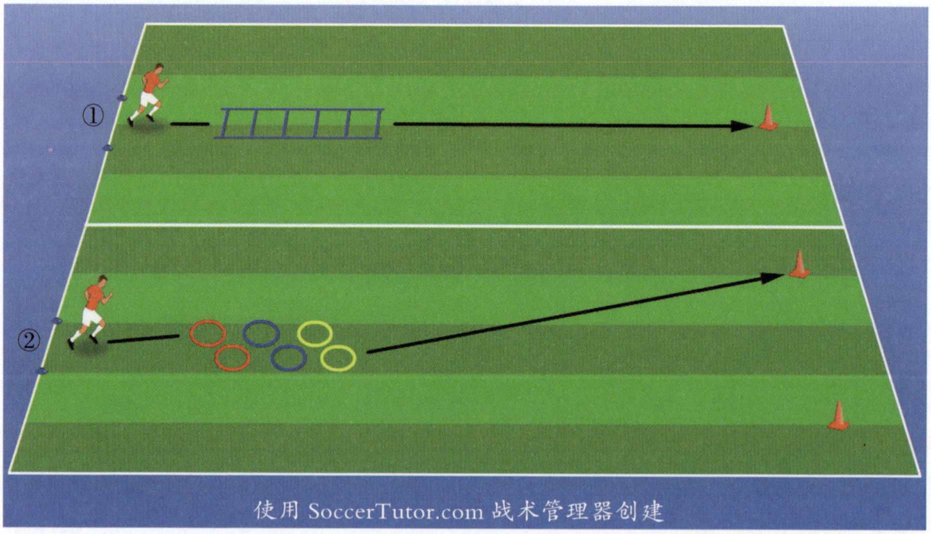

B 部分

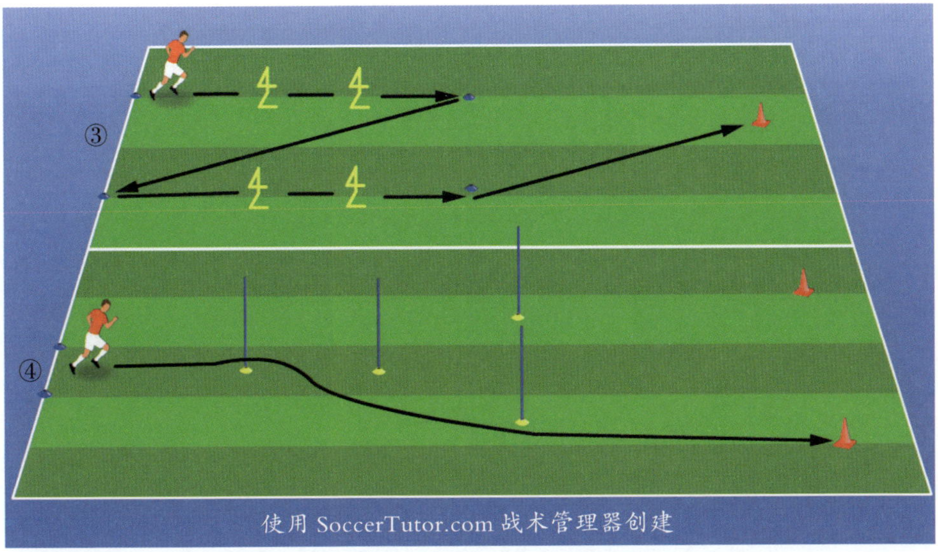

训练目的

提高连续进行短时间高强度爆发性动作的能力。

训练组织

球员以循环训练的方式连续完成 4 种不同的爆发性速度练习和协调性练习。

在位置①，球员首先用绳梯进行协调性练习（可以使用多个变量），接着冲刺 10 米到达标志桶，再慢跑（身体恢复时间）到位置②。

在位置②，先用速度圈进行另一个协调性练习后冲刺 10 米到另一个标志桶，然后慢跑到位置③。

在位置③，球员跳过 2 个小栏架后改变方向，再跳过 2 个小栏架后冲向标志桶。然后慢跑（身体恢复时间）到位置④。

在位置④，球员跑到第一个旗杆的左边或右边，再跑向另一边最远的旗杆的右边或左边，最后冲刺到标志桶处。

训练量

所有位置完成 1 次为 1 个循环，完成 3 个循环，每个练习包括 1 分钟的练习时间和 1 分钟的身体恢复时间。每个循环之间另外有 2 分钟的恢复时间。

短时间高强度训练周期后的疲劳水平

在对 2003 年的国际足联 U-17 世界杯和 2005 年联合会杯上裁判的活动进行研究（Mallo 等，2007，2009）后发现，每半场比赛中，裁判在比赛强度最大的 5 分钟之后的 5 分钟内，其高强度活动明显减少。对顶级足球运动员的调查也得出了类似的结论（Mohr 等，2003；Bradley 等，2009）。因此，可以推理，球员在比赛中经历一段高强度活动之后，存在一种可逆的、暂时的身体疲劳。传统的运动生理学研究（Balsom 等，1992a，b；Dawson 等，1993）已经证明球员的间歇性运动表现持续受到运动时间、运动频率、运动强度和恢复阶段的影响。

当球员在连续进行最大强度的运动而身体没有得到充分恢复时，其进行短时间高强度运动的能力就会受到影响。肌肉内离子稳态被打破，肌膜（肌肉纤维的膜鞘）兴奋发生改变可以用于解释球员在比赛中可能出现了暂时性的身体疲劳（Bangsbo，2004）。钾离子在细胞间质中的堆积降低了肌肉细胞产生力量的能力（Cairris 等，1995； Bangsbo，2003），并导致球员出现了暂时性的身体疲劳（Bangsbo 等，1996；Nordsborg 等，2003；Mohr 等，2005）。

最大强度的体能训练

最大强度的体能训练是在短时间内（6 秒以内）用最大强度完成练习和完全恢复（至少 5 倍的运动时间）。这一训练可以用于提高球员的加速能力或爆发力。在生理学上的反应是，利用非乳酸无氧代谢途径，在肌肉中生成三磷酸腺苷（ATP），然后依靠磷酸肌酸再合成 ATP。从球员在体能测试中的表现（如短距离加速或跳跃）可以看出，最大强度的体能训练已经与足球运动员的运动等级相联系（Wisloff 等，2004；Stolen 等，2005）。然而，很难确切地说清球员进行最大强度活动的能力是受遗传条件制约还是作为对训练适应而出现的。

爆发性速度、力量和速度的循环训练 24 分钟

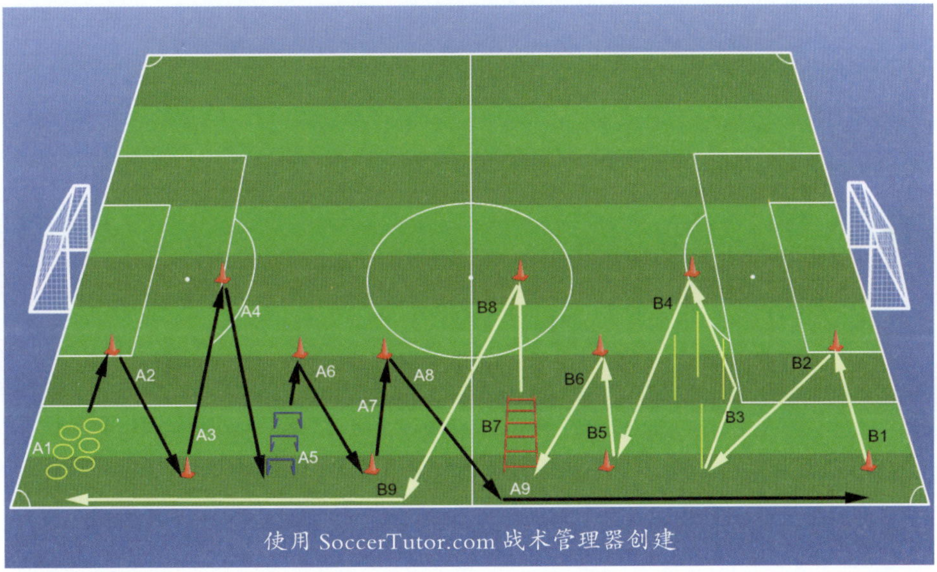

训练组织

如上图所示，把器材摆放好。球员完成这个循环训练共有 8 个不同的练习和身体恢复期的慢走。将球员分成 2 组，分别从 A1 和 B1 开始。

球员总是在靠近边线的标志桶或器材处（A1、A3、A5、A7、B1、B3、B5 和 B7）完成一个最大强度的练习（5 秒），然后走到（恢复时间为 30 秒）另外一个标志桶处（A2、A4、A6、A8、B2、B4、B6、B8）处。

当循环性练习完成场地的一半之后，球员在另一半球场进行长距离走动（A9 和 B9），以增加恢复时间，然后从对侧的标志桶处（B1 或 A2）开始新的练习。

训练量

完成 3 个循环（A1 ~ A9 和 B1 ~ B9）。每个循环之间有 40 秒的身体恢复时间。

不同强度的技术训练

· 低强度的技术训练

复杂训练内容的第二个层次与足球专项协调性练习有关，因此训练必须结合球。

低强度的技术训练目的是保证球员积极的恢复，可在比赛后的次日进行，或者在一个艰苦的训练期之后进行。

4 个区域的双人足球比赛　　24 分钟

训练组织

一个 10 米 ×10 米的区域被分为 4 个小正方形，球员 2 人 1 组，分列于 4 个小正方形中。每组球员可以进攻其他任何 3 组球员。

教练可以根据球员的年龄和水平调整规则，如触球 1 次、触球 2 次和允许球落地 1 次等。

训练量

2 组，每组 10 分钟，组间间歇 2 分钟。

· 中等强度的技术训练

中等强度的技术训练在训练中经常使用，对球员的要求高于有球热身训练。为了达到足够快的速度，球员在整个训练中要集中注意力。中等强度的技术训练更注重细节，如专项化、小组配合、传球路线、射门得分、传中和抢点射门等。

传中与射门的传球配合 24 分钟

训练组织

参加这个练习至少要有 10 名球员（加上守门员），球员必须通过所有位置才能完成一个循环。传球的顺序如上图所示。

在 1 ~ 6 号位置，球员需要传完球后跑到下一个位置。7 号位置的球员在靠近边线处为中间的 2 名球员传中。然后中间的 1 名球员跑到 1 号位置，7 号位置的球员移到中间（当前锋），为下一次射门做准备。

训练量

4 组（每组 5 分钟），组间间歇 1 分钟。每组的传球方向和顺序应进行变化。

· 长时间高强度的技术训练

在技术训练前，为了达到长时间高强度训练的目的，需要调整完成技术动作的时间和空间。这种类型的训练主要用于球员受伤之后再适应的训练，因为它在可控的情况下可以发展球员的专项技能，同时产生明显的生理学反应。

对挪威足球运动员进行的研究表明（Hoff 等，2002；Stolen 等，2005），不同带球路线的循环技术训练可以使球员产生明显的心血管反应（平均心率为最大心率的 92% ~ 94%）。球员完成 4 组为时 4 分钟的循环训练，每组训练间有 3 分钟的时间进行积极性的恢复，这种训练不仅能够有效地达到生理目标，而且因练习中包含较多的技术变得更加有趣。

带球技术的循环训练 24 分钟

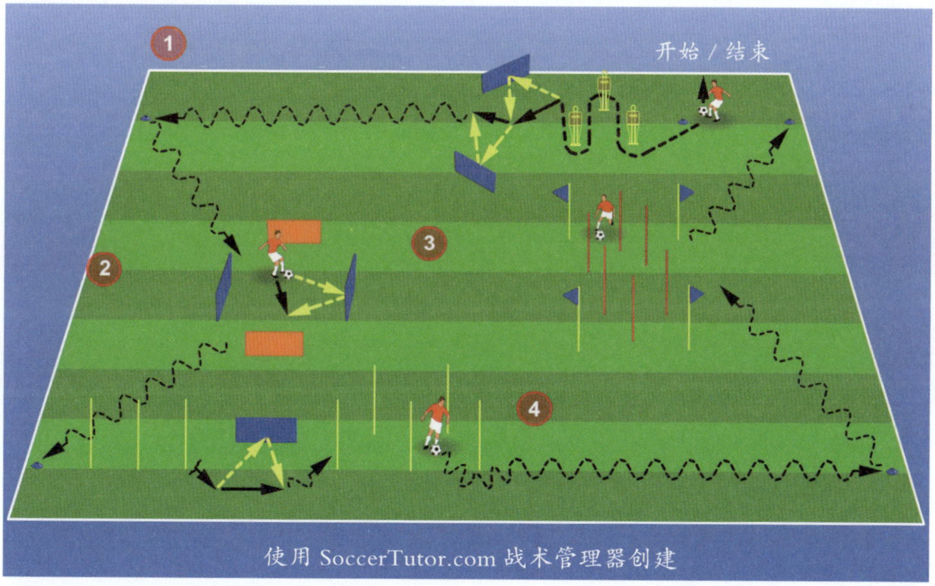

1. 带球：蛇形带球绕过 3 个假人，撞墙式二过一配合 + 高强度快速带球。
2. 撞墙式二过一配合，持续 30 秒。
3. 高速带球绕过旗杆，30 秒。
4. 蛇形带球绕过 3 根旗杆，撞墙式二过一配合；蛇形带球通过 5 根旗杆 + 高强度快速带球。

训练组织

该练习是一个技术循环训练，有 4 种高强度的练习。4 个带球的练习是恢复时间，所以应该慢速进行。

❶ 利用整个球场进行，从上页图中的右上角开始练习。球员带球绕过假人，在两堵墙处进行撞墙式二过一配合，然后高速带球到边线。

❷ 球员在 30 秒内尽可能多地完成撞墙式二过一配合。

❸ 在旗杆之间按照不同的顺序带球，持续 30 秒。

❹ 球员带球绕过旗杆，做撞墙式二过一配合，再蛇形带球绕过 5 根旗杆，高速带球到边线。

训练量

4 组循环（每组循环持续 4 分钟），每个循环间歇 2 分钟。

· 短时间高强度的技术训练

球员在练习时间内必须保持高强度，练习之间不完全恢复。在狭小的空间内组合不同的技术可以实现这个目标。

六边形场地内的传球与加速跑动练习　　24 分钟

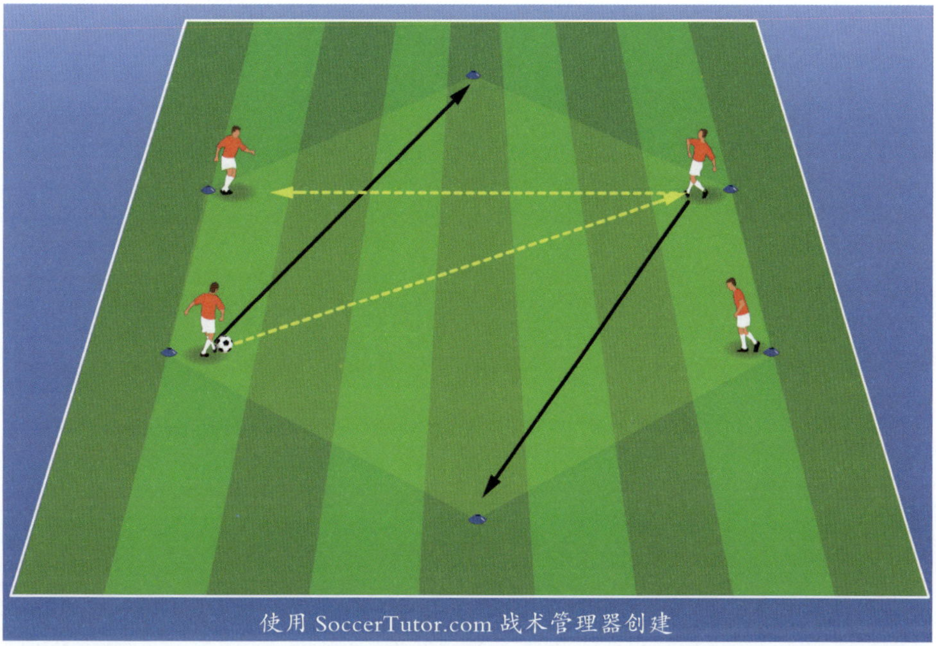

训练组织

在一个边长为 10 米的六边形场地内，4 名球员完成 12 组练习。每组练习中使用不同的技术。上图中所示的例子是一名球员控球，再传球给任一名同伴，然后加速跑到一个无人的标志盘处。

每组练习可以变换传球的顺序，控制其他变量，如一名球员与站在同一边的球员进行 1 ~ 2 脚传球后加速跑到无人的标志盘处，第二名球员按同样的步骤再将球传给第三名球员；在六边形场地中间带球并变向；传球给同伴后对其压迫等。

训练量

每组 1 分钟，共完成 12 组，组间间歇 1 分钟。

· 最大强度的技术训练

球员在每组练习中重复 5 ~ 6 次，一个练习的时长为 5 秒，每个练习之间的恢复时间为 45 秒就是最大强度的技术训练。训练需要在各个练习重复之间完全恢复。例如，5 ~ 6 秒的最大强度技术练习需要 30 ~ 45 秒的恢复时间，所以教练应该提前设计好练习之间的恢复时间。

定时向前跑、配合进攻并射门　　24 分钟

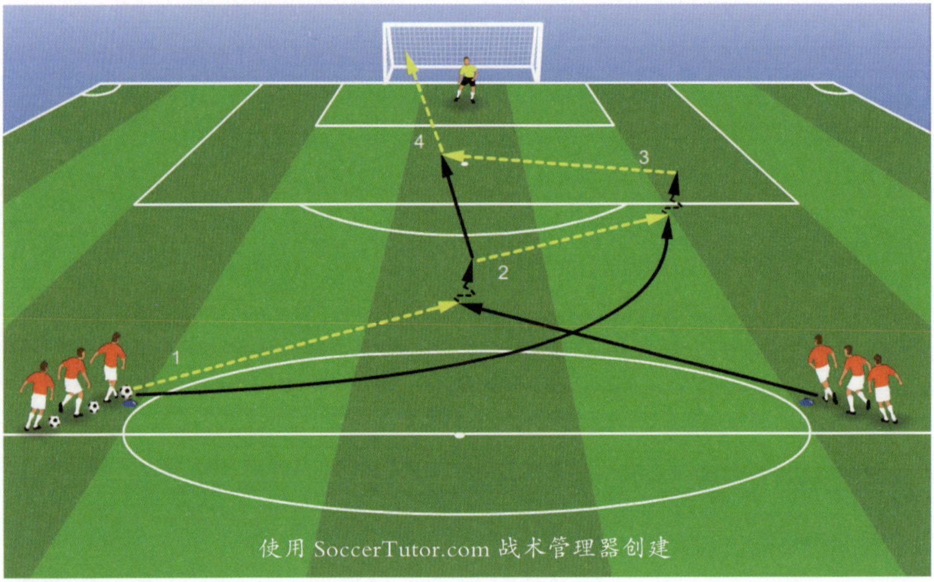

训练组织

球员成对进行练习，站在中线附近的标志盘处。第一名球员将球传给同伴后套边向前跑。第二名球员将球传给第一名球员后跑到空当位置，第一名球员在罚球区外射门或将球传到罚球区内让第二名球员射门，如上图所示。（上图中的数字表示传球的顺序）

在每组练习中，传球的顺序及射门的方式可以有所变化。

训练量

4 组，每组 5 分钟，组间间歇 1 分钟。每对球员重复训练 5 ~ 6 次，

每次练习时长5秒左右，每次练习后有45秒的身体恢复时间。

不同强度的战术训练

从战术训练阶段开始，训练强度就不那么重要了，因为队友和对手的出现意味着比赛中有更多不可预测的行为。在任何情况下，训练内容的选择都是基于在优先活动模式下建立起来的原则和子原则。再次要强调的是，决策过程是与比赛场景相关联的（Frade，2012）。

足球的不确定性和不断变化的特点意味着球员的跑动时间和恢复时间并不总是有相同的比例，所以重复的方法（Solé，2006）为团队项目提出了一个非常有趣的建议。在一次训练课中改变训练内容、休息时间和重复次数会给球员带来不断变化的刺激，有利于提高球员的运动能力。

· 低强度的战术训练

低强度的战术训练并不经常出现在顶级球队的日常计划中，因为战术训练总是包含认知成分。如果训练的目标是促进球员的恢复，那么战术训练可能会起反作用，因为这会给球员造成更大的精神疲劳。低强度的战术训练通常在训练课的开始或在比赛日上午的训练课中进行。下面举了一个位置练习的例子，用来说明在对手控球时，本方球员位置的选择和防守的组织。这个练习非常类似于战术性热身练习，并可以作为进阶到更复杂练习内容的基础。

与位置有关的战术阵型和整体移动　　24 分钟

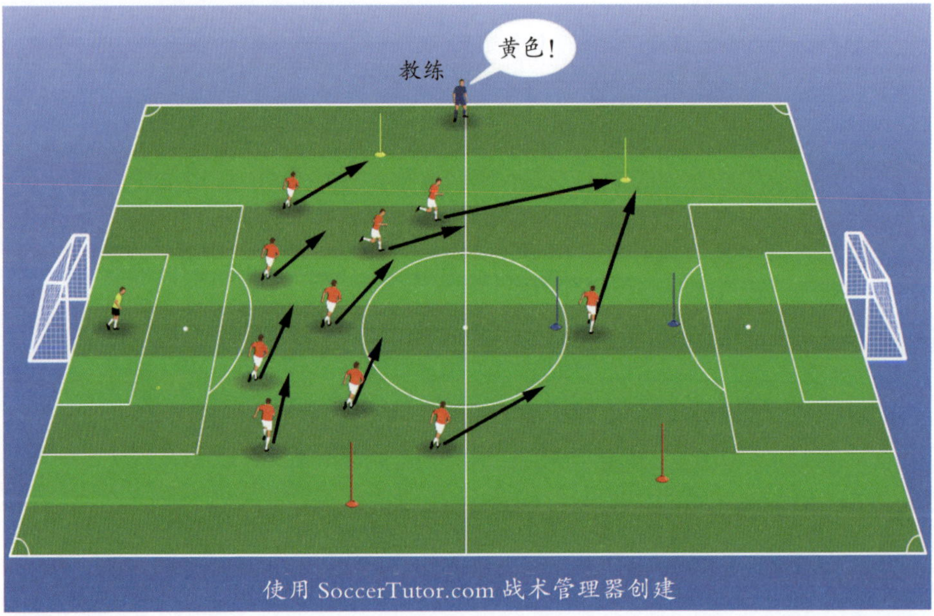

训练组织

球员根据阵型在各自的防守位置上。球场内有不同颜色的旗杆代表球所处的位置。教练喊出一个颜色，如“黄色”，球员必须采取与黄色旗杆所在位置有关的整体防守阵型。

训练量

2 组，每组 8 分钟，组间间歇 2 分钟。

· 中等强度的战术训练

长时间的战术训练要求球员最大限度地集中注意力。许多重复和机械化的战术活动对大脑的有意识控制的要求较低。一个专项位置的局部比赛（如下图所示）可以用来说明中等强度的战术训练。

球员第一次进行中等强度的战术练习时只有高度集中注意力，才能在遵守规则的同时精确地处理球。而当相同的练习在不同的场合重复出现时，球员就会采取一种自动化的行为。

专项位置 8（+2）V3 的局部控球比赛 18 分钟

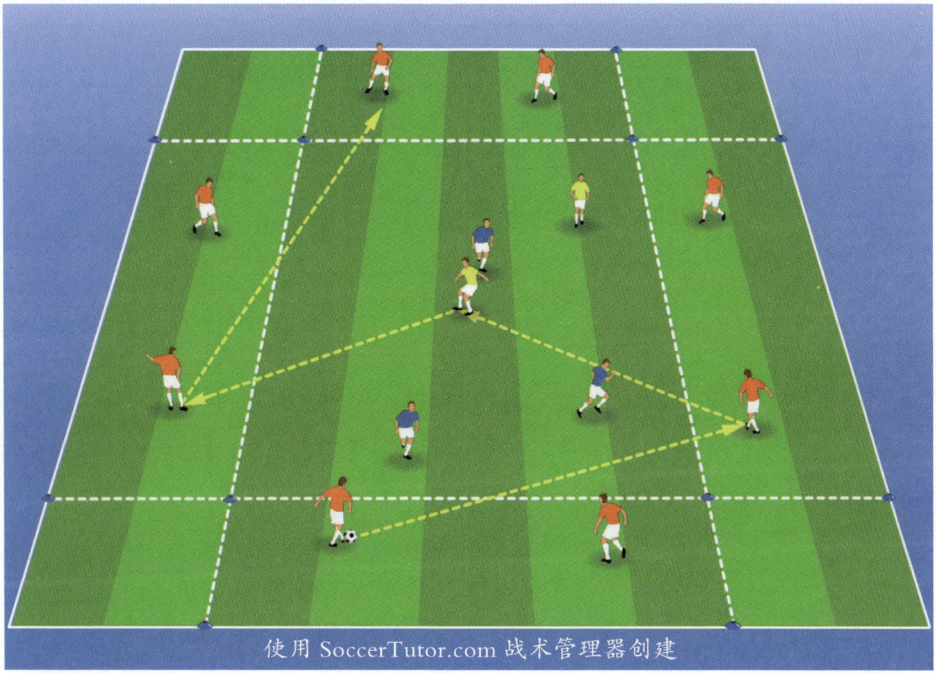

训练组织

在一个 15 米 ×15 米的区域内，13 名球员一起训练（可以根据实际训练中球员的数量来调整）。8 名球员被安排在外围的 4 个区域内，2 名自由人（黄色）和 3 名防守球员（蓝色）被安排在中间方框区域内，如上图所示。

站在外围区域的 8 名球员有各自的位置职责，一侧区域有 2 名中后卫，其对侧区域有 2 名前锋，左侧区域有左后卫和左前卫，右侧区域有右后卫和右前卫。2 名中前卫（黄色）作为自由人在中间方框区域内。

训练量

3 组，每组 5 分钟，组间间歇 1 分钟。

每组练习都可以修改规则：外围区域的球员限制触球 2 次，中间方框区域内的球员限制触球 1 次；外围区域的球员限制触球 1 次，中间方框区域内的球员限制触球 2 次；所有球员都限制触球 1 次。

指导要点

（1）高标准的训练要求球员高度集中注意力，教练要使用准确的方法精心组织训练。

（2）教练必须合理安排球员的数量（同伴和对手）、场地大小、训练时长与规则，或采取其他的限制，达到战术行为的预期效果和要求。

· 长时间高强度的战术训练

长时间高强度的战术训练需要参与训练的球员人数比参与短时间高强度战术训练的球员人数多，它的组织更加复杂（如下图的练习）。训练场地面积必须足够大，以使球员密度较低（球员在球场上的密集程度）。每次训练的持续时间应足够长，以达到预期的训练效果。这种组织训练的方式在文献中有各种各样的术语，所有的研究几乎都有类似的特点。Jose Mourinho（2007）称它们为“专项强度”（dynamic specific），因为训练具备很多比赛模式的原则，代表了真实的比赛情景。Sanz（2010）把它们称为“大空间”（big space）。Pol（2011）则认为是“广泛的”（extensive）并将长时间高强度的战术训练包含在以“持续时间”为导向的次级动态训练课中（Tamarit，2007）。

控球并在中路快速突破的 11V11 动态比赛　　30 分钟

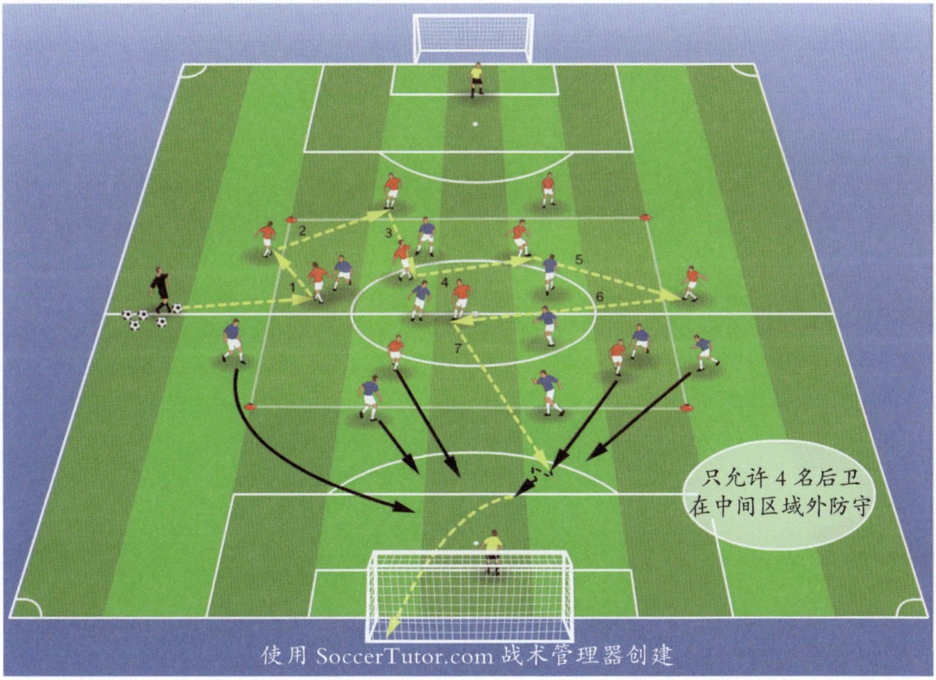

训练组织

在球场中央划出一个方形区域，双方各有 6 名球员，目标是在方形区域外 4 名后卫的支持下保持控球。

只要一支球队达到了预先设定的连续传球次数，就可以在方形区域外射门得分，各方除守门员外只能有 4 名防守队员在区域外防守。

训练量

3 组，每组 8 分钟，组间间歇 2 分钟。

空间和时间对球员生理反应的影响

了解比赛空间和时间如何影响球员生理反应是很有趣的。有研究（Mallo，Navarro，2008）发现，至少需要 100 平方米的球场面积才能对参与训练的每名球员产生足够的强度刺激（高强度的跑动距离、心率达到最大心率 85% 以上的持续运动时间等）。从实践的角度来看，如果一个有 16 名球员（7V7+2 名中立球员）参与的控球练习想要达到上述强度要求，那么场地面积应该在 1600 平方米左右（40 米 ×40 米的正方形或 50 米 ×32 米的矩形）。这种密度模式是一种估算，而不是一个标准定律。因为在实践中，密度模式应该与参与练习的球员数量成指数而不是线性增长。

关于训练的持续时间已经有文献支持，运动员在跑步机上跑 2 ~ 3 分钟可以达到最大摄氧量（Hoff，2005）。然而，足球运动员在比赛中并不是以恒定的速度进行直线跑动，而是间歇性、快慢交替式地跑动，这意味着他们需要更长的时间来达到对心血管的有效刺激。因此，参照 Bansgbo（1994c）和 Helgerud 等（2001）的研究，我们可以假设在长时间高强度战术训练中，球员至少需要 4 分钟的高强度练习来达到最大摄氧量。

设定训练时间的长短是为了保证所有球员都积极参与训

练。训练时长应该与参与训练的球员数量成正比。根据实际经验，可以使每组练习的持续时间相当于参训球员的人数乘以 30 秒。如果 16 名球员参与训练，那么每组练习的时间大约为 8 分钟（即 16×30 秒 = 480 秒 =8 分钟）。为了达到训练效果，每组练习之间的恢复时间应不超过 2 ～ 3 分钟，教练应在恢复时间内进行战术指导，引入一些变化或者让运动员补水。空间和时间的参数只是一个提示，因为每个训练场景都需要做出具体的调整。

· 短时间高强度的战术训练

短时间高强度的战术训练应该包括让少量的球员达到正确认知强度的内容。训练参数也需要调整，如果场地面积被缩小，球员将被迫更快地思考，因为他们感知、决定和执行下一步动作的时间会更短。

由于球员的注意力不可能在很长一段时间内保持最大限度的集中，所以这个训练的持续时间必须短。训练中的规则可以修改，以保证球员的注意力在战术练习中保持高度集中，例如球员在丢球后紧逼，总是形成2V1 的进攻情况、人盯人防守等。

短时间高强度的战术训练组织方式允许球员们体验训练子原则的子原则，这些原则的复杂性较低，因为它们代表着比赛模式的更多情形（Mourinho 等，2007）。作者将这种活动模式称为“高度紧张的训练”（elevated specific tension regimen），而 Sanz（2010）将其归类为“缩小场地空间的训练”，Pol（2011）将其归类为“强化的训练”[intensive（action）]。

近年来，许多研究人员（Owen 等，2004，2011；Little，Williams，2007；Kelly，Drust，2009；Hill-Haas 等，2010，2011；Dellal 等，2011b，c，2012a，b）探讨了短时间高强度战术训练的组成部分和限制因素的变化（训练频率和每组练习的持续时间、球员的数量、对手和中立球员的数量、触球次数等）对球员身体负荷与技术负荷的影响。这些研究结果可以为教练在设计训练计划时提供宝贵的信息。

短时间高强度的战术性 4V4 控球比赛 16 分钟

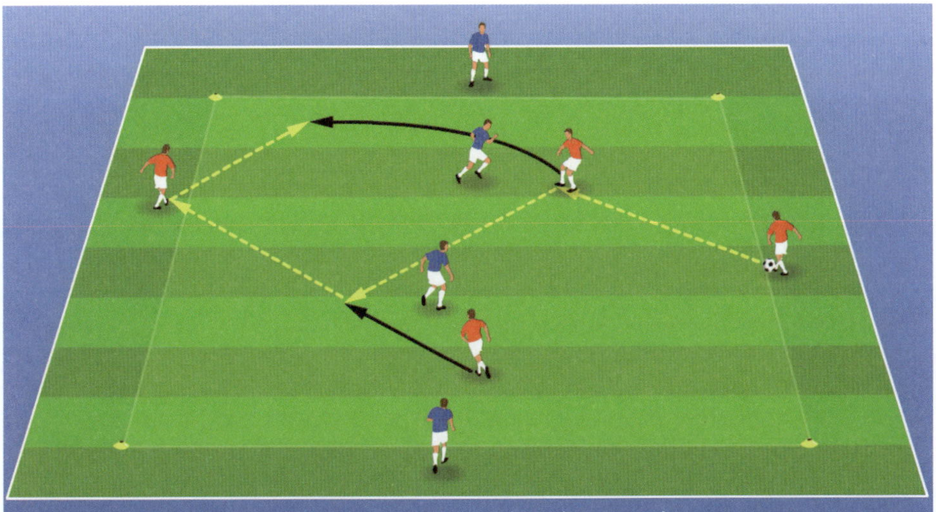
使用 SoccerTutor.com 战术管理器创建

训练目的

在短时间内进行高强度的控球训练、传球和跑动。

训练组织

如上图所示，在 15 米 ×15 米的区域内，有 2 组球员（每组各 4 人）进行控球比赛。每组 2 名球员在区域内形成 2V2 对抗，其余 2 名球员在区域外为本方球员提供支援。

训练量

2 组，包括 3 次 1 分钟的训练（区域内）和 1 分钟的主动恢复。组间间歇 2 分钟。

可以在每次 1 分钟的练习中改变比赛规则。例如，限制区域内的球员触球 2 次、区域外的球员触球 1 次或所有球员触球 1 次等。

· 最大强度的战术训练

最大强度的战术训练要求球员在短时间内高质量地完成练习，并在间歇时间内完全恢复。如下图所示，最简单的训练组织就是参与球员的数量少，依此增加训练的复杂性。为了演练战术过程，结合球并设防守球员就会增加达到最大强度战术训练所需的训练时间。

最大强度的战术训练被称为“快速收缩”（elevated velocity contraction）（2007），战术关注的重点是子原则。Pol（2011）运用“强化动态（交互）”的概念，将那些需要对球员在短时间内做出快速反应的训练内容进行分组，并与整体训练课相结合。

最大强度的 8V2 进攻配合打法　　20 分钟

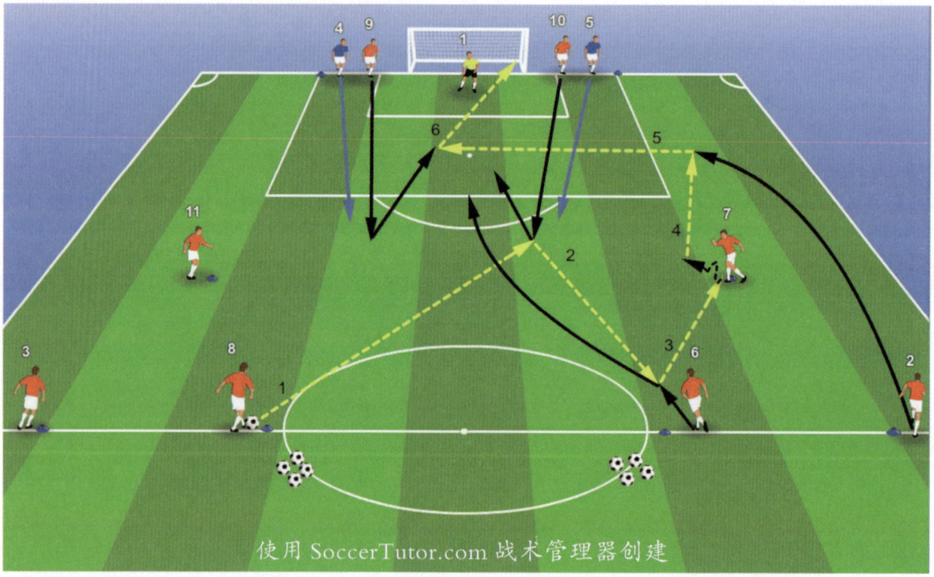

训练组织

进攻球员配合面对 2 名防守球员。中后卫和前锋从底线开始，如上图所示。（上图中白色的数字表示球员在场上的位置，黑色的数字表示传球的顺序）

前锋为中前卫提供支援，可以采用任何一种进攻战术，只要确保以最大的强度完成进攻就可以了。教练可以改变进攻组合的类型。

训练量

2 组，每组 8 分钟，组间间歇 2 分钟。每次进攻最多 10 秒，球员在下次进攻开始前恢复 50 秒。

不同强度的比赛

· 低强度的比赛

复杂训练内容的第四个层次是用比赛来表示的。在这种情况下，约束是有限的，训练要确保与真实比赛有更大的相似性。低强度比赛的概念与竞赛这个术语有很大差异，低强度似乎是矛盾的。选择低强度类别中的任何练习，其重点可能是训练的趣味性（如下图的示例）。

在 9V9 小场地对抗训练中创造空间和传球　　18 分钟

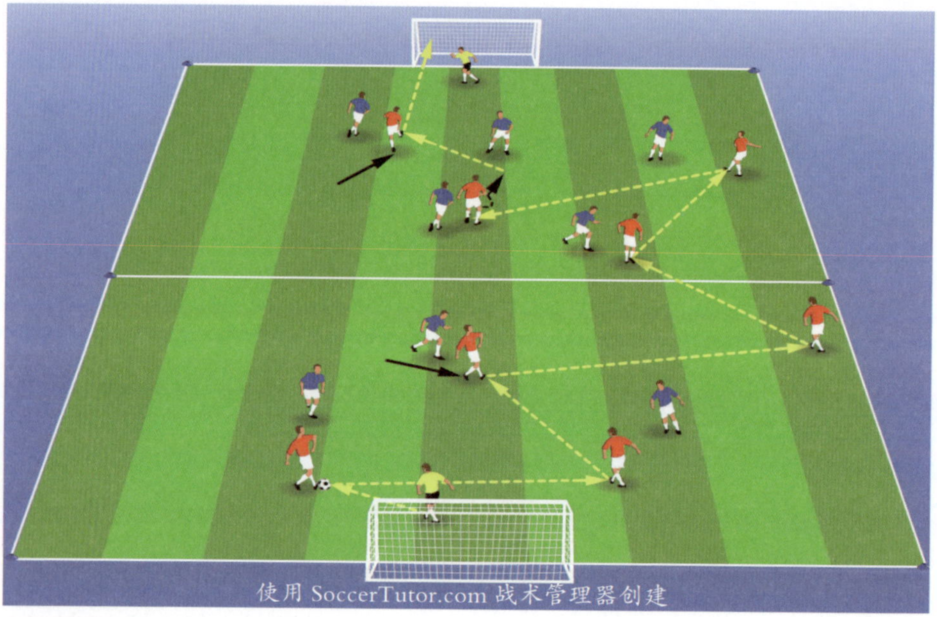

训练组织

两队在一个小场地进行正常的小场地对抗训练（9V9）。如果每名球员都能在没有对手触到球的情况下进球，那么进 1 球得 2 分。

训练量

2 组，每组 6 分钟，组间间歇 3 分钟，间歇时进行拉伸。

· 中等强度的比赛

中等强度的比赛包括决策强度低于比赛阈值的所有练习形式（见下图示例），可以作为训练课最后一部分的练习，让球员在高强度和高要求的训练后还能够从中找到乐趣。或者是在训练设计出现问题，很多球员在一块狭小的场地进行训练而达不到预期目标时使用中等强度的比赛。

9V9（+2）的半场对抗性训练 24 分钟

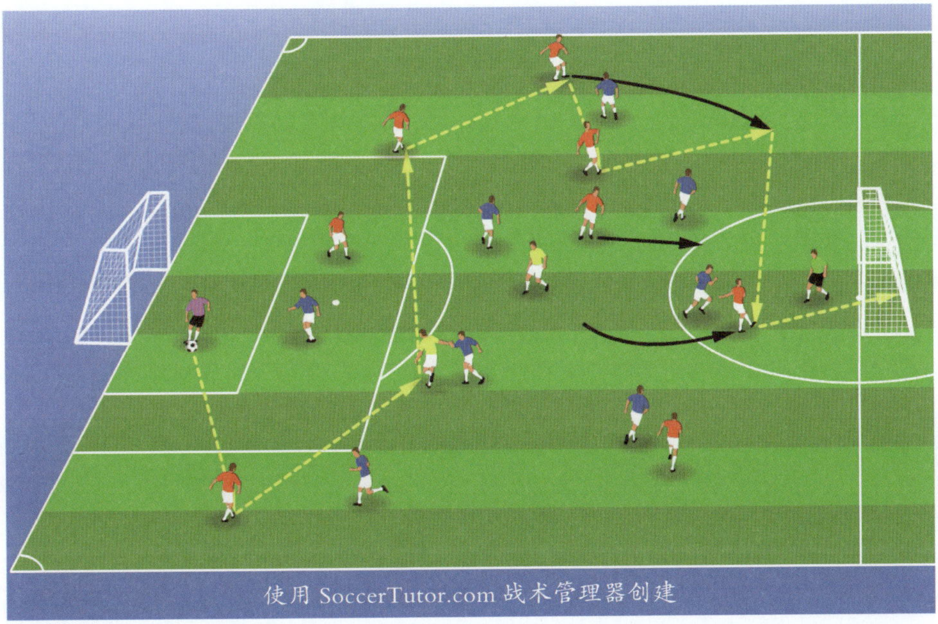

训练组织

在半场区域内进行 9V9 比赛，有 2 名中立球员支援控球方。

训练量

2 组，每组 10 分钟，组间间歇 2 分钟。

· 长时间高强度的比赛

长时间高强度的比赛体现了与比赛有关的专项性（如下图）。因此，为了使球员高度集中注意力，必须要考虑诸如较多人数的球员、大空间和长的持续时间等因素。当守门员参与训练而且有越位规则时，则会影响“有用的”空间的数量。每个球员所占的空间必须大于 100 平方米。

有越位规则的 8V8 小场地对抗训练　　30 分钟

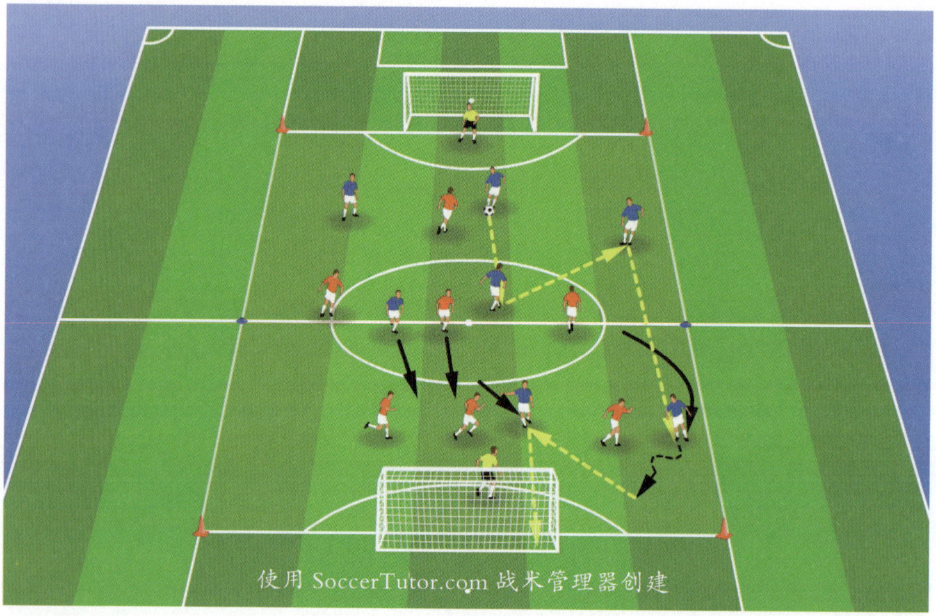

训练组织

在 70 米 ×40 米的场地上进行 8V8 小场地对抗训练。双方的阵型都是 3-3-1，有 3 名后卫、3 名前卫、1 名前锋和 1 名守门员。练习设有越位规则，所以球员必须像正式比赛中那样利用好场地的空间。

训练量

3 组，每组 8 分钟，组间间歇 2 分钟。

· 短时间高强度的比赛

短时间高强度的比赛与之前的训练不同之处是球员人数较少、场地空间较小、练习时间较短（如下图的例子）。这种类型的练习需要肌肉做更多的离心收缩（肌肉收缩的一种类型，肌肉收缩时肌纤维被拉长），如加速、减速和变向等，所以教练在训练课中使用这种练习时要谨慎。

短时间高强度的 4V4 小场地对抗训练 24 分钟

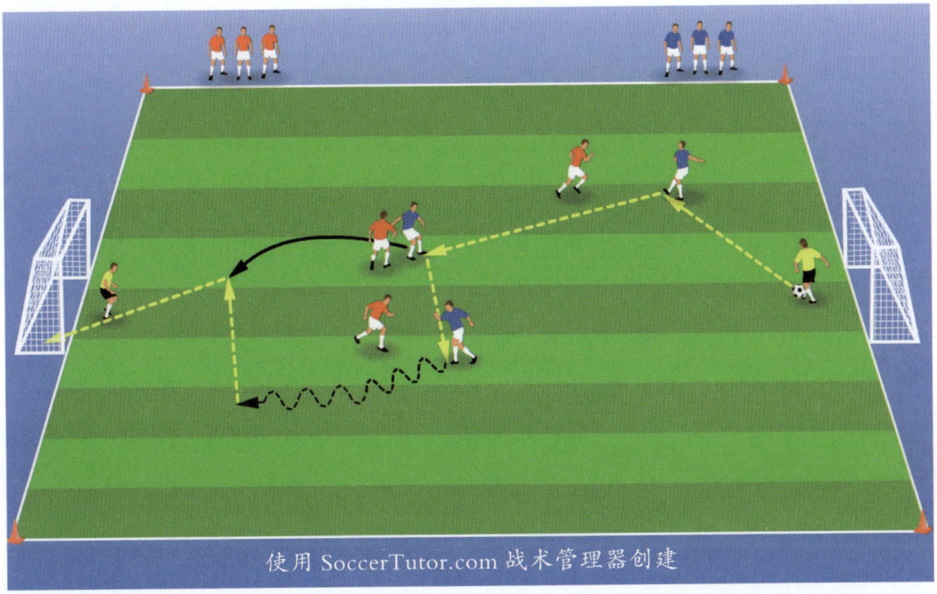

训练组织

在 30 米 ×20 米的区域内进行 4V4 的训练（1 名守门员 +3 名场上球员）。两队各有 3 名外场球员。场上 3 名球员进行短时间高强度的比赛，场外 3 名球员则休息。

训练量

每组 3 名球员进行 6 组训练，每组 2 分钟 3V3（+ 守门员）比赛，组间间歇 2 分钟（间歇时另外 3 名球员上场）。

· 最大强度的比赛

最大强度的比赛中，参训的球员人数会影响练习的时长，人数越多，教练员监控训练质量和指导的时间就越长。另外，可以用替代性的方法让球员在一个密度高的场地内进行对抗训练，延长组间的间歇时间。如下图所示，有 3 支或者 4 支球队交替参与的练习就可以达到最大强度。

有场外球员支援的最大强度的小场地对抗训练　　15 分钟

训练组织

在 30 米 ×30 米的区域里进行 8V8+2 名守门员的对抗训练。每支球队都有 4 名场上球员在 30 米 ×30 米的区域内，另外有 4 名球员在进攻半场的区域外提供支援。此练习的目的是在最大强度下，通过区域外球员的帮助努力尽快得分。

训练量

共 10 组，每组 90 秒。（区域内外的球员每 90 秒交换 1 次。）

2.3 训练课的结束部分

在传统训练中，训练课的结束部分在整个训练课中的比例和重要性可能都是最低的。训练课结束时的拉伸练习不需要球员做很多，生理学参数恢复到训练前的基础值即可。

训练课的结束部分是对训练课进行简单评价的好时机，教练应给球员提供简明扼要的信息反馈以强化刚刚完成的训练内容。

对职业球员来说，训练课结束部分的内容应该与个性化的训练方案相联系（战术分析、心理训练等）。训练课结束部分的练习目的是尽可能使球员以最佳的状态迎接下次训练课。物理治疗、补液和营养补充在球员身体恢复过程中发挥着至关重要的作用。

3 周期训练

在讲解周期训练之前，对相关的术语进行定义是有必要的。例如，“制订计划”要包含教练教授与球员学习的整体过程，教练的训练意图能很好地表达出来，并且设计出具体的训练内容。另一个术语是“制订方案”，它反映了对研究对象采取的一种更实际的方法，即为规划的目标选择适当的内容，体现了目标的实现方式（Sánchez Bañuelos，1997）。根据这两个术语的概念范围，本章侧重于足球周期训练设计，将赛季的训练安排划分成更小的周期和单位（Issurin，2008）。

周期化有助于教练选择最佳的时机来进行某些类型的训练实践。也就是说，教练一旦有了自己的训练方法，周期将有助于构建训练模块。

《训练理论与实践》（*Theory and Practice of Training*）这本经典教材介绍了大量的周期训练模型。然而，这些模型中的绝大多数都来自于个人项目，足球教练不应简单地使用与个人项目相同的训练方法，因为团队项目要求建立不同的训练模型。下面探讨了三个级别的球队使用周期训练的可能性。

不同级别球队实施周期训练的可能性

精英级职业球队

精英级职业球队是每周参加 1 场以上比赛的职业球队，队员是足球技战术能力最高水平的代表。所有参加国际比赛（欧洲冠军联赛、欧洲联赛等）的欧洲精英足球俱乐部就是精英级职业球队的代表。这些球队的特点是比赛密度大，球员需要快速适应赛前热身、比赛和赛后恢复性训练课。西班牙毕尔巴鄂竞技足球俱乐部在 2011—2012 赛季的案例可以说明精英级球队的表现。这支球队参加了国家联赛（西班牙甲级联赛），并在西班牙国王杯和国际杯赛上取得了成功。在 2011—2012 赛季中，球队总共参加了 63 场比赛。当交通（航班、长途汽车）和其他因素（酒店住宿等）导致行程延误时，球员所承受的精神负担和身体负担是相当大的。训练量也比其他球队少得多。

职业球队

职业球队一般每周参加 1 场比赛。球队主教练有绝对的自由来设计训练计划，拥有更多的实施多样化周期训练的可能性。在赛季的大部分时间，球队每场比赛的间隔时间为 6 ~ 8 天，可能会受到外部因素的影响，如广播公司、电视台选择在哪一天进行比赛直播。

半职业球队和业余球队

半职业球队和业余球队包括那些球员不能全职投入足球运动的球队，队员的训练时间有限。这些球队的球员通常是在结束一天的工作、学习后到达训练场，利用下午或晚上的时间训练。在某些情况下，尽管控制球员的训练需求至关重要，但可用的训练时间（通常每周 4 次训练课）不应该被限制。球员在训练中不能过度疲劳，否则完成训练后的身体恢复过程会更加困难。

训练负荷与训练周期

训练负荷概述

所有不同类型的球队都需要考虑基本的训练原则。对术语“一般适应综合征”（Seyle，1950）的解释为：当外部刺激作用于身体时，会改变机体内部的平衡。如果刺激持续一段时间，身体就要努力适应并试图抵御，以应对将来可能出现的类似负荷刺激。如果刺激太强烈，身体则会进入衰竭阶段，分解代谢过程占主导地位。适应性训练需要重复同样的内容。训练负荷、疲劳程度和缓解疲劳的恢复手段是教练要管理的关键参数。

训练负荷相当于对球员施加的刺激。为了达到刺激的效果，训练负荷必须超过个人阈值（Navarro，2001）。训练负荷不应该局限于身体层面，还应该包含认知层面。对身体进行恒定强度的刺激会限制或阻止其有效性，机体将会做出适应性的调整。在这种调整中，所有未达到受体兴奋性阈值的信息都将无效。解决办法并不在于走向相反的极端，因为连续不断地改变训练强度会导致球员的机体感觉过度兴奋，获取信息的能力受损。总的来说，教练要根据球员的能力不断调整负荷刺激。

施加超过球员个体承受能力阈值的负荷会导致球员产生过度疲劳。不同的训练负荷需要不同的恢复时间。球员在训练后，不仅能恢复到运动前的水平，而且超过原有水平的现象被称为“超量恢复”。

周期训练试图解决训练负荷分配的问题

教练面临的最大挑战之一是组织训练，要让球员在赛季的不同周期内通过自己设计的训练计划实现超量恢复。

足够的训练量和合理有序的训练方法可以使球员实现积极训练效果的积累。如果高强度的训练在短时间内安排密集，球员就可能出现过度疲劳，无法完成身体的恢复。此外，如果高负荷的训练安排间隔太久，也无法对球员产生益处，因为这不能产生球员实现进阶式适应所需的结构性变化。

周期训练试图解决训练负荷分配的问题，以使球队的比赛表现在赛季中达到最高水平。赛季可以用不同的命名法（周期、阶段、循环和板块等）来分成较小的时间单位，取决于教练用作参考的计划模板（Navarro，2001）。从短期来看，负荷可以在两场比赛之间进行周期划分。

在 Seirul·lo（1987，2003）、Sole（2006）和 Roca（2011）的研究之后，作者在本章中对周期训练和小周期进行概述。接下来的内容将深入研究周期结构层次中训练负荷的分配，并始终考虑足球训练的专项性。

3.1 周期训练概述

传统周期

基于个人项目的传统周期模型（Matveiev，1981；Harre，1982；Bompa，1999）是以一个非常长的准备期作为赛季的开始。准备期包括一般准备期和专项准备期，目标是使球员的体能在赛季中的特定比赛时间达到顶峰。

在赛季的准备期提高球员的体能，是为了使球员在重要比赛中出现超量恢复。传统周期模型在足球运动中的运用是球员在赛季的准备期要接受大负荷量的体能训练，然后在竞赛期中进行更专项化的训练。

在过去几年中，周期被延长意味着球员不得不踢更多的比赛，球员需要在赛季的不同阶段达到巅峰状态。

以毕尔巴鄂竞技足球俱乐部 2011—2012 赛季为例，图 3-1 显示了该队的日程安排。这个案例可以用来质疑传统的周期模型在足球中的运用，因为用赛季前 5 ~ 6 周的准备期来保证球员在 9 ~ 10 个月的比赛期内达到最佳表现是非常复杂的工作（Carli 等，1982；Baker 等，1994；Schneider 等，1998；Baker，2001；Gamble，2006；Newton 等，2006）。

不同的周期训练方法在个人项目中是有效的，运动员可以在赛季中达到体能巅峰状态（Issurin，Kaverin，1985；Bondarchuk，1988；Touretski，1998）。

迄今为止，关于足球专项周期训练模型方面的论文发表得极少（Miñano，2006）。Roca（2011）报告了他在巴塞罗那足球俱乐部的经验，他的周期训练模型建立在 Solé 的研究（2006）基础之上。通常情况下，教练在赛季中会应用统一的训练负荷。作者创建的周期训练是一个非常有趣的方法，解释了依据赛季的不同阶段（准备期、比赛期和再生恢复期）来分配和组织负荷量。

	一	二	三	四	五	六	日	一	二	三	四	五	六	日	一	二	三	四	五	六	日	一	二	三	四	五	六	日	一	二	三	四	五	六	日	一	二
七月															11	12	13	14	15	16	17	18	19	20	21	22	23	24	25	26	27	28	29	30	31		
八月	1	2	3	4	5	6	7	8	9	10	11	12	13	14	15	16	17	18	19	20	21	22	23	24	25	26	27	28	29	30	31						
九月				1	2	3	4	5	6	7	8	9	10	11	12	13	14	15	16	17	18	19	20	21	22	23	24	25	26	27	28	29	30				
十月						1	2	3	4	5	6	7	8	9	10	11	12	13	14	15	16	17	18	19	20	21	22	23	24	25	26	27	28	29	30	31	
十一月		1	2	3	4	5	6	7	8	9	10	11	12	13	14	15	16	17	18	19	20	21	22	23	24	25	26	27	28	29	30						
十二月				1	2	3	4	5	6	7	8	9	10	11	12	13	14	15	16	17	18	19	20	21	22	23	24	25	26	27	28	29	30	31			
一月							1	2	3	4	5	6	7	8	9	10	11	12	13	14	15	16	17	18	19	20	21	22	23	24	25	26	27	28	29	30	31
二月			1	2	3	4	5	6	7	8	9	10	11	12	13	14	15	16	17	18	19	20	21	22	23	24	25	26	27	28	29						
三月				1	2	3	4	5	6	7	8	9	10	11	12	13	14	15	16	17	18	19	20	21	22	23	24	25	26	27	28	29	30	31			
四月							1	2	3	4	5	6	7	8	9	10	11	12	13	14	15	16	17	18	19	20	21	22	23	24	25	26	27	28	29	30	
五月		1	2	3	4	5	6	7	8	9	10	11	12	13	14	15	16	17	18	19	20	21	22	23	24	25											
浅灰色	西班牙联赛的比赛																																				
黑框	西班牙国王杯的比赛																																				
深灰色	国际杯赛的比赛																																				

图 3-1 毕尔巴鄂竞技足球俱乐部在 2011—2012 赛季的日程安排

战术周期

周期训练中主题最新、最具有创新性的方法被称为战术周期(Tamarit，2007)。近年来，葡萄牙主帅穆里尼奥和博阿斯等人取得的成功使战术周期显得尤为重要。球队目标是战术周期训练概念的关键因素，从赛季的第一周开始，训练负荷就指向这个目标。将训练的具体内容在赛季期间进行排序，并随着比赛规则和子规则而进阶。维克托·弗雷德教授和奥利维拉教授的战术周期对于理解足球训练方法体系至关重要。

科学研究论文的发表 (Miñano，2006；Oliveira 等，2007；Roca，2011) 具有无法估量的价值，不仅为当前非常成功的精英主教练所采用的训练模式提供了理论解释，也有助于足球运动理论知识的进步。在一支成功的球队中，关于加速球员身体的恢复过程、预防损伤和提高球员心理承受能力 (来自大众媒体、支持者等的压力) 的训练方法占据主导地位。

顶级球员比低水平球员能够更快地适应训练，所以顶级球员几乎从赛季前的初始阶段就能承受高强度的认知压力。举例来说，顶级球队可以在训练的第一周使用专项化的高强度负荷，而较低级别的球队不应该照搬精英球队的训练模式。每支球队应该根据自己的特点来调整训练模式。

板块周期

板块周期模型最基本的原理就是训练负荷的集中，通过训练的累积和残余效应实现体能的连续发展 (Issurin，2008)。周期训练计划最广泛的表现是用确定的目标连续重复板块，积累 (Accumulation)、转换 (Transmutation) 和实现 (Realisation)，常被称为 ATR 模型 (Navarro，2001；Issurin，2410)。

近年来，许多研究 (Mallo，2011，2012b) 检验了在比赛密度较低 (每周一场比赛) 的足球队中运用板块周期模型的效果。该模型使用波浪式训练负荷而不是传统的线性训练负荷，在每个训练周期中改变训练负荷。尽管出发点与 ATR 模型类似，但与 ATR 模型的本质区别在于球员没有出现很深的疲劳程度，他们可以尽可能参加每周的比赛并有最好的运动表现。

第一项研究 (Mallo，2011) 通过观察西班牙乙级联赛一支球队连续四个赛季的比赛表现来评价板块周期的效果。每个赛季被分成一系列的训练周期，训练周期进一步被细分为三个板块，并总是按照相同的顺序进行（图 3-2）。每个板块周期为 2 ~ 4 周。每个板块的负荷是不相同的。

第一个板块的目的是提高球员进行长时间高强度运动的能力，因此首选长时间高强度的训练方法（关于这种类型的训练，请看第 2 章）。第二个板块是为了提高球员重复最大强度运动的能力，短时间高强度的训练是主要的训练方法，以一个提高球员最大强度运动能力为目标的板块结束，所以训练内容要达到最大强度。最后一个板块的要求比前两个要低，期望从前两个板块的训练中得到超量恢复的增益效果和减量训练的效果（Mújika，Padilla，2003；Mújika，2009）。每个板块使用的训练方法都有与周期的顺序有关的倾向性，但这不意味着有排他性的等级情况，因为球员在比赛中的运动表现需要三个板块中所包含的训练。

球队在四个赛季的目标是避免降级。基于选择板块周期模型的球队在同样的训练投入下，拥有最优秀球员的球队总是以较好的排名结束赛季。假如一支球队实际预算在各队中最少，当大多数球队通常采用传统线性负荷周期模型时，这支球队就要选择另外一种替代性的策略，如果重复其他球队的做法，则与那些拥有更优秀球员的球队相比，他们的表现会更差。

在实验期间，所有训练课的数据都录入计算机中，以便根据训练过程中的复杂性和动态变化来计算每类训练的训练时间。数据分析揭示了每个周期的训练负荷表现出显著差异（$P<0.05$），验证了定义模型的理论陈述。

为了检验球队在比赛中的表现，每场比赛中获得的积分（每场胜利得 3 分，平局得 1 分，失败得 0 分）与可用的总分数相关联，最终比值为 47%。有趣的是，第三个板块的成功是最高的（$P<0.05$），达到了 59%，比在第一板块和第二板块中获得的分数高。为了减少对方球队水平对这一结果的影响，根据对方球队在联赛中的最终排名位置对其分组：排名靠前（排名第一至第六）、排名居中（排名第七至第十三）和排名靠后（排名第十四至第二十）。同样，在第三个板块中面对排名靠后和排名居中的球队，其得分的百分比在统计学上也是最高的（$P<0.05$）（图 3-3）。

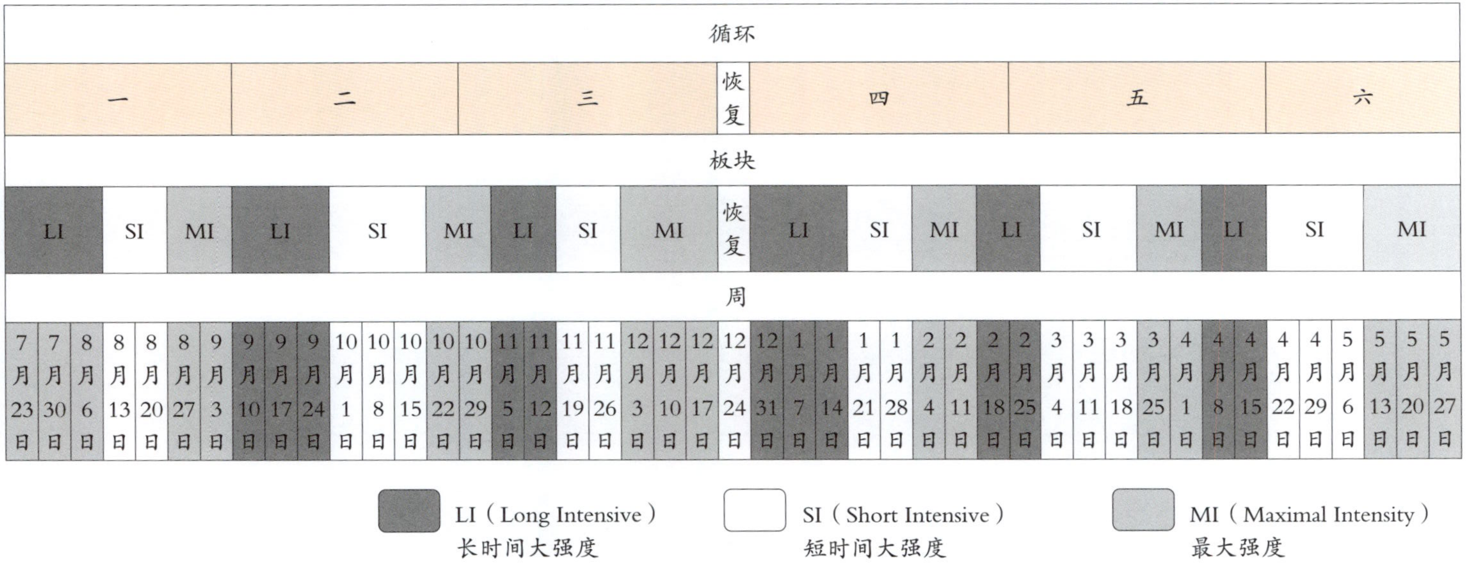
循环
一
二
三
恢复
四
五
六
板块
LI SI MI LI SI MI LI SI MI 恢复 LI SI MI LI SI MI LI SI MI
周
7月23日 7月30日 8月6日 8月13日 8月20日 8月27日 9月3日 9月10日 9月17日 9月24日 10月1日 10月8日 10月15日 10月22日 10月29日 11月5日 11月12日 11月19日 11月26日 12月3日 12月10日 12月17日 12月24日 12月31日 1月7日 1月14日 1月21日 1月28日 2月4日 2月11日 2月18日 2月25日 3月4日 3月11日 3月18日 3月25日 4月1日 4月8日 4月15日 4月22日 4月29日 5月6日 5月13日 5月20日 5月27日
LI（Long Intensive）
长时间大强度
SI（Short Intensive）
短时间大强度
MI（Maximal Intensity）
最大强度

图 3-2 西班牙职业球队在 2006—2007 赛季中的板块周期训练模型

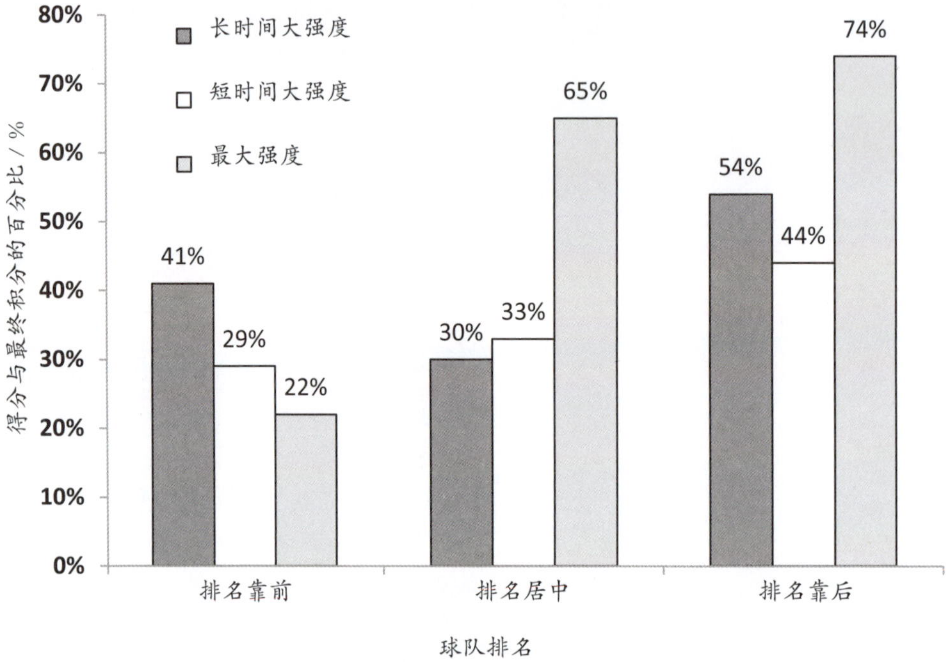

图 3-3　在四个赛季的每个板块中，与不同对手比赛的表现（用得分与最终积分的百分比来表示）

需要强调的是，研究采用周期模型下的所有训练内容都是由体能教练设计的，占整个赛季总负荷量的 31% ~ 34%。训练时间的分配与 Issurin（2008）在他的板块周期理论中提出的时间分配略有不同。在 Issurin 的板块理论中，总负荷量的 60% ~ 70% 集中在两个或三个主要目标上。因为足球运动员的运动表现受多个因素影响，所以足球专项的周期化训练方法不同于个人项目。实际的模型可以被认为是提高了训练强度（Navarro，2001），而不是使负荷更集中，球员并没有因为每周必须要踢比赛而出现最大疲劳等级。

然而，总训练时间的 1/3 用于指导训练目标似乎非常有趣。用于指导训练目标的百分比数值虽低，但可以强化帕累托原则，这个实证定律也被称为 80/20 法则，反映了大多数结果（80%）是如何基于少数原因（20%）的产生。尽管确切的比例并不那么高，但运用到目前的领域显示出优化训练时间的必要性。这项法则旨在以最少的能量消耗达到最大的效果。要做到这一点，教练必须确定运动表现的关键指标，并围绕这些指标组织训练。

第二项研究（Mallo，2012b）以另一支西班牙乙级联赛球队为研究对象。在一个赛季中，针对球员不同的体能水平使用相同的强化板块周期模型，评估这个模型对球员体能的影响。有许多学者已经研究了一些训练方案对不同身体能力提高的影响（Helgerud 等，2001；Hoff 等，2002；Dupont 等，2004；Gorostiaga 等，2004；Wisloff 等，2004；Stolen 等，2005；Impellizzeri 等，2006），但所有研究都是在 8 ~ 12 周的短期集训期内进行的。第二项实际研究的实验设计与第一个实验非常相似，在最初的实验设计中，五个训练周期被进一步细分为三个连续的板块。对体能的评估包括在测力台上进行一系列跳跃测试，用光电测速仪（photoelectric gates）测定 10 米冲刺速度，以及 Yo-Yo 间歇性恢复测试（级别 1），并在测试中监测球员的心率反应。这些测试在五个周期中每个周期的第一次训练课上进行。测试结果反映出球员在 38 周的竞赛期内，其爆发力、加速能力和进行长时间高强度间歇性跑动能力是如何保持或提高的。

举一个实际的例子，球员在比赛期后期（训练周期 4 和训练周期 5）的高强度跑步测试中，跑动距离较比赛期前期（训练周期 2）多跑了 26% ~ 30%。这项测试中的得分与比赛中的高强度跑动距离有显著关系（Krustrup 等，2003），因此可以预期球员在本赛季的最后几场比赛中有更强的能力进行高强度运动。此外，观察球队在西班牙 6 个赛区连续 2 个赛季（2003—2004 赛季、2008—2009 赛季）的比赛中的表现（获得的分数与可用分数的关系）发现，联赛最后 8 场比赛中的得分百分比显著高于这个赛季的平均值（$P<0.05$）。

对两项研究结果进行综合分析后发现一个问题，即在足球运动中，波浪式负荷是否比线性负荷有更大的作用？众所周知，在比赛期间，线性负荷的刺激会使一些球队的球员体能水平出现微小变化，甚至下降（Hakkinen，1993；Schneider 等，1998；Astorino 等，2004；Kraemer 等，2004；

Gorostiaga 等，2006）。与传统周期模型相比，强化板块周期模型的另一个优势是训练内容的周期性可以使受伤的球员渐进性地重返训练。

无可争议的是，板块周期模型对足球运动的效果需要进行更多的研究，因为影响足球比赛最终结果的变量过多，板块周期模型用于精英足球时又非常复杂。竞赛期的长短和每周至少进行一场正式比赛的事实并不会给球队表现带来巨大的波动，这显然与之前报道的情况相矛盾。在这种情况下，关键是教练要正确设定训练负荷，以保证球员的身体得到恢复，避免在比赛中出现一定程度的疲劳，影响球队的表现和增加球员受伤的风险。前面几段中描述的板块周期模型被另外 5 支球队用到了赛季中，他们的目的是赢得联赛冠军。由于球队要在比赛中表现出较高水平，比赛中获得的积分在赛季期间均匀分布，则球队需要从赛季开始到赛季结束保持一致的竞赛表现来实现预先设定的目标。

基于训练负荷的训练周期

应用强调训练负荷的板块周期模型的下一个阶段是整合所有的训练。作者曾经与球队主教练阿布拉姆·加西亚（Abraham Garcia）合作制订了一个更先进的方法，即在赛季划分的各个周期内建立球队比赛模式和战术原则。按照这种训练设计，复杂训练内容和强度可以交替使用，以避免常规训练负荷对运动表现产生负面影响。由于战术训练成为训练周期的重点，设计多样化的训练方法就显得格外重要。同时，教练组的所有成员要向共同的目标努力。

在赛季前训练就引入密集的战术训练和对抗性训练并没有增加球员受伤的概率，因为球员解决这些问题的方式与他们的实际情况一致，更广泛地说，与他们的队友和对手的状态一致。举个例子，同一水平的球员在 8 月份与 11 月份的控球练习的绝对强度不同，但相对于球员个体的适应潜力，所有球员在两个阶段的训练都有相似的效果。但在 8 月或 11 月，当一名球员相对于其他球员是从低级别开始训练时，问题就出现了，这名球员会面对一个更加不稳定的环境，他受伤的风险就会更大。

球队的训练周期没有唯一的替代方案，教练必须根据比赛日程，对每种情况进行分析后提出解决方案。在顶级球队中，尤其是那些比赛密度高的球队，赛季的主要训练课内容都是“激活—比赛—恢复”的循环，这很难摆脱线性负荷。每周只参加一次比赛的球队可以设计出更具创造性的训练计划。从早期阶段的波浪式负荷开始，然后在竞赛期采用线性负荷，这两种模式的结合不可忽视。教练可以利用准备期让球员学习球队比赛模型的基础知识，避免使用传统周期模型特有的一般训练负荷，然后用连续的适应性训练来准备比赛。毫无疑问，球员以高水平的运动表现开始比赛，并在比赛期间不断提高水平，这应该是所有周期模型的最终目标。

图 3-4 以三维方式展示了一个赛季中强化训练负荷的周期模型。横轴表示赛季的持续时间、周期（5 个）和板块（3 种颜色：深灰色、白色和浅灰色），根据训练强度（长时间高强度、短时间高强度和最大强度）对其进行细分。纵轴表示训练内容的复杂性，因为随着新周期的开始，前一个周期以基础为主的训练会被新的战术内容代替。从这个意义上说，每个周期中的训练都具有较高的复杂性。

两个变量之间的交互作用（z 轴）显示了球队理论上的表现水平，可理解为球队在赛季中的发挥情况，以及具备的竞争力。尽管图例看起来非常呆板，但重要的是它始终是一个开放的系统，可以根据球队和球员的适应水平不断提供新的建议。

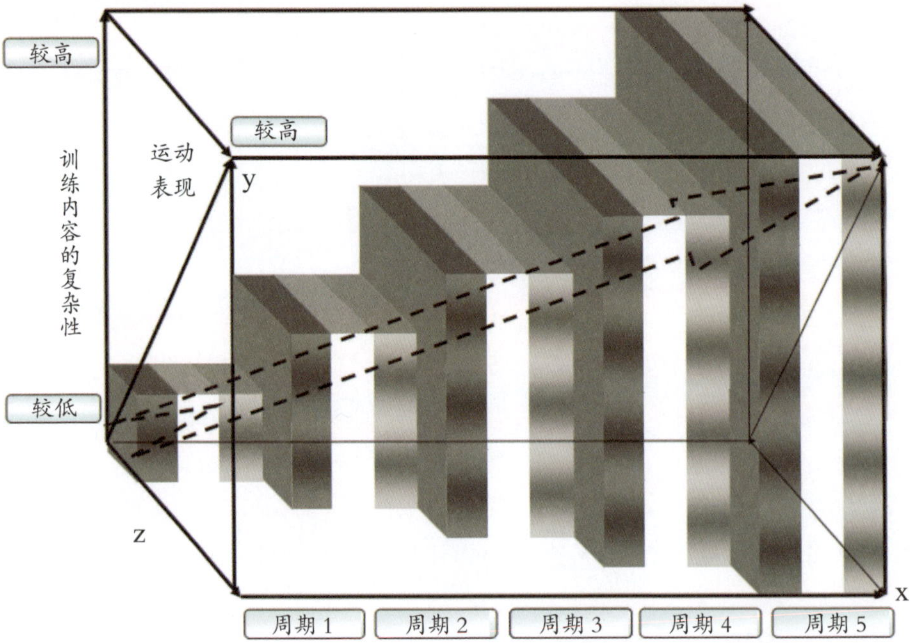

（占主导地位的训练强度：深灰色＝长时间高强度；白色＝短时间高强度；浅灰色＝最大强度）

图 3-4 一个赛季中强化训练负荷的周期模型

3.2 小周期的结构

小周期是组织训练负荷时最常用的时间单位之一，持续时间在 3 ~ 7 天(Navarro, 2001)。在个人项目中，小周期经常被分为适应、负荷、冲击、激活、比赛和恢复几个阶段（ Navarro，2001 ）。Seirul·lo（ 1987 ）在引入结构化小周期的概念后，为团队项目提出了一个重要理念，即基于足球运动的整体概念，在尊重一般系统理论（ general theory of the system ）的前提下，认为足球运动所有结构之间存在持续和动态的交互作用。结构化小周期可以采用不同的形式（ 准备、直接的转化、专项性的转化、竞赛和保持 ），具体取决于是运用于准备期还是竞赛期。此外，训练实践的类型（ 基础的、一般的、有指导的、专项化的和竞赛的 ）需要根据赛季的不同时期进行调整（ Roca，2011 ）。在本书里，小周期的持续时间与竞赛日程相关，以定期在每个周日进行比赛的球队为参考，其小周期为 7 天。但实际情况会有许多变化，如果一支球队在每周六进行比赛，下一场比赛在下周日进行，那么这支球队的小周期的持续时间将是 8 天。如果球队在周六比赛之后，下周三和周日分别有一场比赛，那么球队则有两个为期 4 天的小周期。

小周期的不同阶段

恢复阶段

球队的比赛日如果是周日，小周期开始的工作重点就是帮助球员恢复比赛的心理疲劳和生理疲劳。这一阶段通常是赛后最初的 48 小时，主要是恢复性训练，然后放假休息 1 天，或者是先休息 1 天再进行恢复性训练。日程安排取决于主教练对每种特殊情况的分析，包括客场比赛的旅途行程、运动员的疲劳程度、没有参加前一场比赛的球员人数等。教练不一定采用同样的解决方案，球员休息的日子可以在几周内有变化。教练有必要认识到，球队中大约一半的队员不是每场比赛都参加，所以这些队员需要在比赛后的 2 天内接受足够的训练刺激，这避免了他们的运动表现水平低于踢了比赛的队友。主教练在管理顶级球队时，努力让所有球员保持正常的训练水平、训练态度和运动表现是其最复杂的职责。

发展阶段

在一周的周中（星期三和星期四），训练目的是提高还是维持球员的体能水平取决于球队当时所处的赛季阶段，训练应该集中在球队打法特征上，以适应特定的强度。Sanz（2010）称这个时期为“结构化阶段”。这是一个让教练有充足调整空间的阶段。对于每周有一场比赛的职业队来说，每周可以进行 2 ～ 3 次训练。然而，需要注意的是，在某些情况下，球员并没有完全从上一场比赛中恢复过来（例如，球员在周日晚上比赛后，经过长时间旅行才回到家，紧接着在周三早上训练）。同样，球员休息 1 天后的第一节训练课必须谨慎安排，因为过高的训练强度会增加球员受伤的风险。因此，训练负荷要逐步进阶，甚至可以将训练分散到上午和下午进行。如果球员在周三的整体训练负荷量很大，那么可以一天内进行两次训练课，在周四上午休息、下午训练，这样可以更好地恢复体能。

激活阶段

在一周的周中安排超过球员身体承受能力的负荷意义不大，这会对训练质量产生负面影响，使球员将疲劳带到下一场比赛的可能性增大，也增加了受伤的概率。赛前激活阶段（周五和周六训练）应遵循相同的理念。激活阶段必须保证球员完成一周的训练内容，得到恢复和超量补偿，以最佳的体能状态迎接下一场比赛。这一阶段的训练以比赛情境（Sanz，2010）为导向，减少与下一个比赛对手相关的不确定性，为比赛做好准备。

结构化阶段的训练负荷越大，赛前激活阶段的训练负荷就要越低，以避免球员在比赛时出现疲劳。如果球员在一周的周中时间训练过度，那么周五应进行恢复训练。如果球员能承受周三和周四的训练量，那么周五的训练可用同样的强度继续。

激活阶段需要延长恢复期，以避免球员精神上和身体上的疲劳堆积。赛前训练日的训练时间应较短，训练内容应以加强球队在接下来比赛中的战术组织为主。

训练相关的内容必须在一周内逐步实施，一旦做到了这一点，就要逐步加快行动。

比赛阶段

最后，小周期以比赛结束。如果比赛在下午或晚上，那么可以在早上进行一个短时间的激活训练课，包括慢走、拉伸和灵活性训练，甚至可以是任何一种激活神经系统的小组比赛以提升球队的凝聚力和团队精神，或者是低强度的战术练习，如战术跑位、定位球等。图 3-5 显示了球队为期 7 天的小周期训练计划（一周一场比赛）。

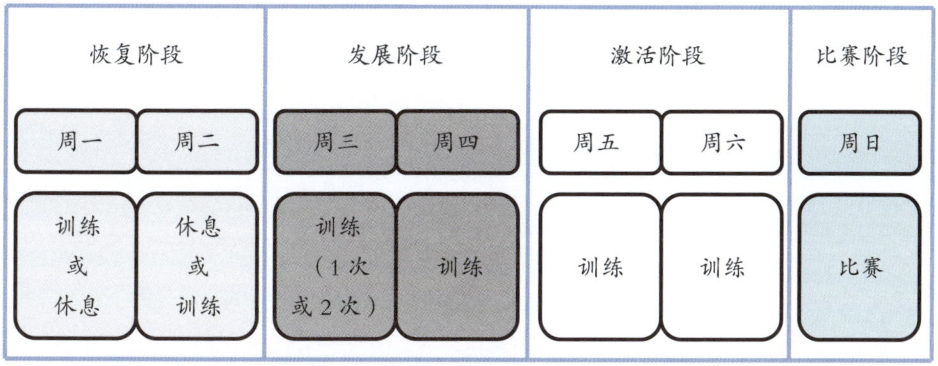

恢复阶段
发展阶段
激活阶段
比赛阶段
周一
周二
周三
周四
周五
周六
周日
训练或休息
休息或训练
训练（1 次或 2 次）
训练
训练
训练
比赛

图 3-5 球队为期 7 天的小周期训练计划（一周一场比赛）

小周期运用于不同级别的球队

运用于非职业球队

在非职业球队中，比赛的间隔时间与前面的例子相似，但每周的训练课次数可能有所不同。无论如何，小周期应包括恢复阶段（开始）、发展或保持阶段（中间）和激活阶段（周末）。在这些球队中，小周期训练结构通常更多地受到训练场地的制约，而不是教练的期望。

运用于每周有一场以上比赛的职业球队

所有每周参加一场以上比赛的职业球队情况都不同，他们的小周期几乎都不一样。切尔西足球俱乐部在 2011—2012 赛季，从第一场英超比赛（8 月 14 日）到欧洲冠军联赛决赛（5 月 19 日）的例子可用来说明这种类型球队小周期的特点。在 2011—2012 赛季期间，该球队参加了四项不同的赛事（英格兰足球超级联赛、英格兰足总杯、英格兰足球联盟杯和欧足联冠军联赛），总计 60 场比赛。扣除球员参加国际比赛的日子（3/4 的队员外出参赛），小周期（连续两场比赛之间的时间）的分布情况如下：有 22 个为期 3 天的小周期、13 个为期 4 天的小周期、7 个为期 5 天的小周期、7 个为期 6 天的小周期和 5 个为期 7 天的小周期。

考虑到赛后恢复阶段至少需要 48 小时，赛前激活阶段又需要持续 48 小时，所以以提高球员能力为目标的训练课只能设计为 6 天或稍长时间。训练课的绝大部分练习都应围绕球员的功能性训练，不能让球员产生无法承受的疲劳。

有趣的是，在赛季结束时，那些参加比赛最多并取得胜利的球队是比赛中表现最好的球队，而不是训练最多的球队。总而言之，比赛是提高球队最高运动表现水平最有效的训练组成部分。

小周期内的训练负荷分配

每周的最佳训练时间是多少分钟？这是教练最常问的问题之一。没有唯一的答案，但合乎逻辑的是，球队比赛越多，训练就越少，反之亦然。此外，训练课的质量越高，训练课的数量就越少。重要的不是有多少训练量是必须的，而是应该如何去训练，确保所采用的练习都是最高质量的。即使在赛季前，教练也应该坚持这种原则。球队需要智商高、技术好和速度快的运动员，训练方法也始终以此为重点。

教练们普遍接受的原则是必须按照所希望的比赛方式训练。在某些情况下，这一概念可能被误解，球员不需要每天以最大的强度训练 90 分钟。教练需要有一个更广阔的视角，不仅要监控球员的训练负荷，而且要考虑球员的精神需求（注意力、技术应用能力、严密性、严肃性），要求球员在 90 分钟的训练或比赛期间保持最大强度的精神集中（Mourinho 等，2007）。训练专项化（Tamarit，2007）并不意味着单独地复制比赛的空间和时间参数，而是采用与球队比赛模式相关的训练方式。

将比赛的负荷量和训练强度当作参考，基于球员能承受一周内完成两场比赛的极限为前提，对于那些每周只有一场比赛的球队来说，训练中高强度的负荷量不应超过 90 分钟。但是，请注意，这不包括教练用于解释训练内容的时间和各个练习之间的过渡时间，还应有专门用于热身和长时间低强度训练的时间。

90 分钟的训练量（这不是一个精确的数字，根据每支球队的不同情况可以有更大的范围）应该分为长时间高强度练习、短时间高强度练习和最大强度练习。从实际情况来看，球队一周内可以进行 5 ~ 6 次练习，每次练习持续 15 ~ 30 分钟。

根据之前所介绍的小周期训练特征推导，可以粗略地认为训练负荷在一周当中的分配不会是平均的，这么做的目的是要在比赛中实现超量恢复。因此，小周期的计划倾向于在激活阶段使用高强度练习，第一次训练课采取长时间高强度训练，第二次训练课采取短时间高强度训练。这两种训练方法的顺序取决于球员在比赛后的恢复情况和要达到的战术目标。

一般来说，球员在第一次训练课中没有完全恢复（即在周日比赛后的周三）的情况下，需要在激活阶段第一天进行短时间高强度的训练、第二天进行长时间高强度的训练。无论如何，这些刺激不一定总是遵循相同的顺序，可以创建替代方法（Solé，2006），在一周内改变它们的顺序。小周期最后阶段的训练将集中在积极恢复和最大强度的训练上，从之前的训练中获得超量恢复，试图“改进”球队的竞技表现。除了在小周期中设计合理的训练负荷以外，训练内容还需要遵循第 2 章指出的每次整体训练课要按照三个阶段的时间顺序完成。热身运动被用作训练的引入部分，作为训练课主体部分的桥梁，将主体部分同战术和比赛目标联系起来。教练必须事先厘清球员在练习中如何分组、标记场地、换球和暂停练习去补水等问题，以使每个练习之间流畅过渡。

小周期内的训练原则

为了设计训练内容，将多样性和重复性两个看似矛盾的经典训练原则（Navarro，2001）结合起来很重要。一方面，多样性原则是变换运动负荷以避免球员的表现停滞或倒退；另一方面，重复性原则是建立行为习惯。众所周知，中枢神经系统会在重复性的活动中学习（Frade，2012）。多样性原则和重复性原则已经被战术周期理论所采用（Oliveira 等，2007；Tamarit，2007）。特异性水平交替原则（the principle of horizontal alternation in specificity）提醒我们需要在小周期中改变训练内容和训练强度的种类。倾向性原则（the principle of propensities）旨在保证某些行为在训练过程中系统地重复，这个概念与 Seirul·lo（2011）所说的“优先模拟情况”（preferential simulating situation）有着内在的联系，即有条件的任务有助于确保球员的某种反应重复发生。从某种意义上讲，训练实践可以看作是电影的框架，需要以正确的顺序组织起来才有意义。当训练原则以二维的形式被设计在一张纸上时，仅仅是教练意图的表达，而当这些原则以三维的形式呈现出来才会显示彼此之间存在的关联关系。我们可以观察这些三维化的原则是否可以触发球员的动作和球员间的互动行为。

在上述原则的基础上，教练应监控负荷量的变化、重复次数和累进，以达到预期效果。教练需要不断调整球员训练的时间，如继续对已处于疲劳状态的球员施加刺激就是无效的训练。练习非常简单，训练目标很快就能达到，这时候教练就需要对练习进行修改以避免成为无效的训练。如果教练设计的练习对球员来说太复杂，就不会产生好的训练效果，教练应从一个更基本的起点对练习进行调整和改进。一些教练无法控制的外部因素会导致教练精心设计的训练在球场上没有达到最佳效果，如果发生这种情况，教练就必须在适当的时候改变训练方法，把团队的集体利益放在个人利益之上。

在职业球队中，训练实践主要基于战术和比赛的复杂程度，以强化球队的打法。在某些情况下，如球员人数或训练场地不够，体能训练和技术练习就可以用来提高球员的训练强度，哪怕这些训练只涉及较少的决策因素。一支球队如果只有一块很小的训练场地，教练只需要在小场地上增加较长距离的奔跑练习，就能满足体能训练的要求，为比赛做好体能准备。反之，如果训练总是使用大场地，教练就要增加短时间高强度的练习以弥补训练强度的不足。所有的体能训练内容都应该在训练课结束时进行，这样球员就能够以最少的疲劳完成复杂的训练任务。

小周期中的训练课示例

训练课 1，下面展示的例子中的训练是基于战术和比赛的复杂性水平而设计的，也是以长时间高强度进行的。

训练课 2，由于球员训练的空间很小，以短时间高强度的训练为重点，这可能会增加球员损伤的风险。神经肌肉疲劳在这类练习中也会加剧，因为球员进行了较多的减速、加速、变向和跳跃，从而导致肌肉做离心工作，软组织容易发生损伤。因此，球员需要在赛季前循序渐进地使用这种类型的训练，以获得特定的适应能力。如果球员独立地使用这些训练方法，则损伤风险会增加。如果是教练精心设计并定量化地对球员实施这些训练，则球员所产生的肌肉适应性变化就会比任何在健身房里面的其他训练要好得多。

训练课 3，展示了在训练课程中，球员以最大的努力执行战术目标和竞赛目标。这些练习的总持续时间不能延长，因为会损坏模拟比赛的益处。这些练习是在一周的最后一个阶段，即赛前进行的训练，需要降低训练量才能达到激活效果。因此，球队的赛前训练可以通过低强度或中等强度的练习来完成。

训练课 1 长时间高强度的战术和对抗训练

训练课的开始部分

热身：接球、传球和轮换跑动 15 分钟

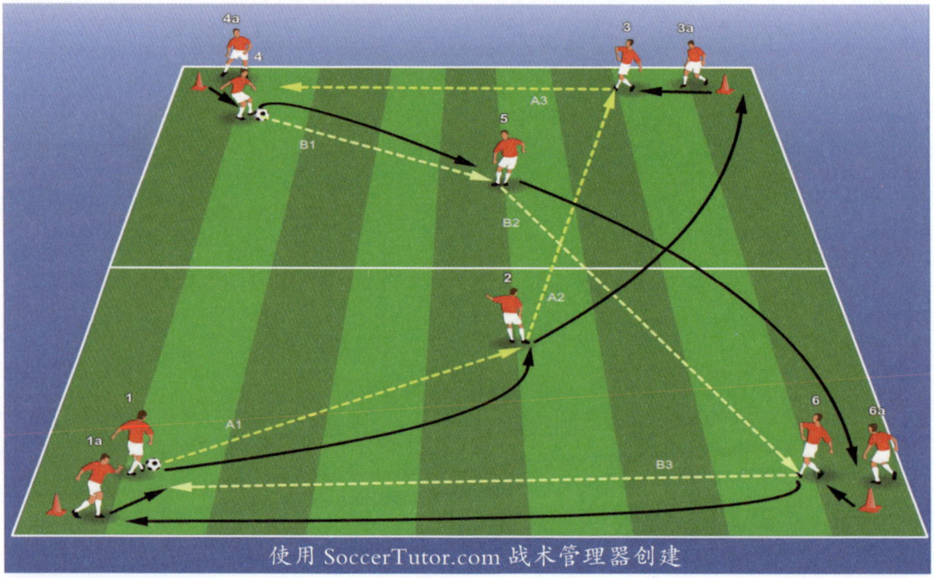

训练组织

球员 10 人为一组。用标志桶在场地中摆出一个正方形，如上图所示。每个角落有 2 名球员，中间有 2 名球员。球员按照图中的数字顺序（A_1、A_2、A_3，B_1、B_2、B_3）传球。

练习从 1 号球员和 4 号球员同时传球开始。当 2 号球员和 5 号球员接到球时，分别传给 3 号球员和 6 号球员。3 号球员和 6 号球员分别传给等待接球的 2 名球员（1a 和 4a）。1a 和 4a 2 名球员接球后再开始新一轮的传球。

每名球员应沿着自己的传球路线跑动。练习是连续的。球员起初可以用手传球，然后进阶到用脚传球。

进阶

增加练习的难度：角落的球员与中间的球员进行 1 ~ 2 次配合或在

边路完成二过一配合等。

激活：传球 + 冲刺练习 5 分钟

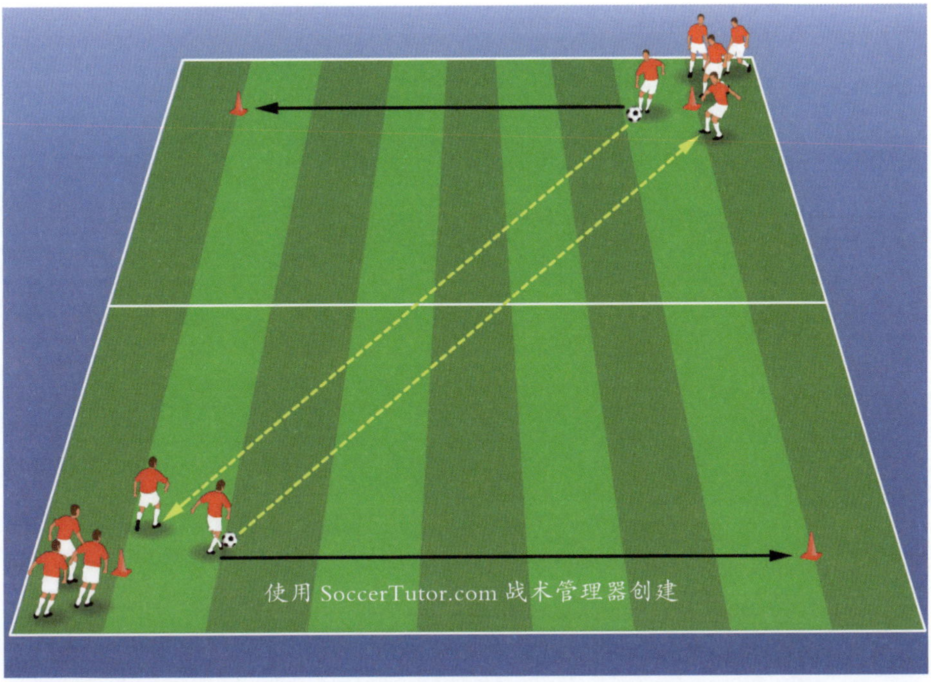

训练组织

使用与上一个练习相同的场地区域，底线两侧各有 5 名球员，分别站在对角线的角上，如上图所示。

2 名持球球员同时将球直传到对角，再冲刺到右边的标志桶处，然后慢走回到最初位置。1 名球员传完球并冲向标志桶后轮到下一名球员，依次进行。该练习一直持续，直到球员轮换完又回到自己的最初位置为止。

球员在一次完整的循环练习中，传球和冲刺 4 次，轮换一圈后再向相反的方向重复一轮——传球后向左冲刺。

训练课的主体部分

有战术阵型与位置要求，6 个球门的 10V10 比赛　　30 分钟

进攻战术目的

在进攻中利用场地的宽度短传或长传、压迫并赢得球权。

防守战术目的

由攻转守时，组织防守、保持阵型、压迫和快速反应。

训练组织

2 队球员在上图中显示的区域进行 10V10 战术对抗训练，双方采用不同的阵型分别防守和进攻 3 个小球门。以上图为例，蓝队是 4-4-2 阵型，红队是 4-3-3 阵型。

每组练习中的要求可以不同。例如，在第一组练习中，2 队都有 1 名守门员作为后援，且同伴站在底线以外；在第二组练习中，双方总是以不同的目标结束比赛，以鼓励攻防转换。

训练量

3 组，每组 8 分钟，组间间歇 2 分钟。

在 11V11 对抗训练中进行阵型演练、传中和射门 30 分钟

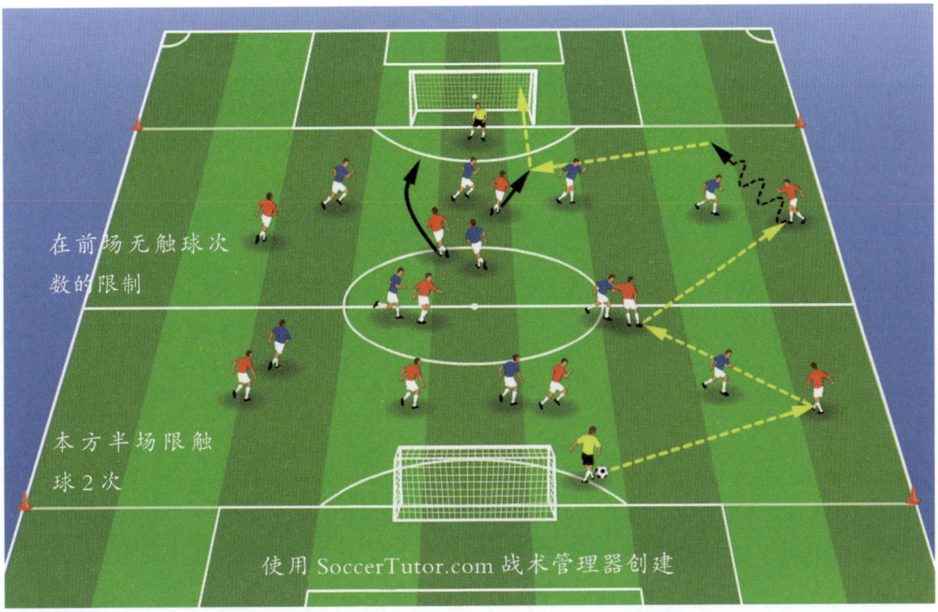

训练组织

这个练习采用与上一个练习同样的规则，只是增加了 2 名守门员。在每个罚球区线上用两个正常尺寸的球门代替小球门，进行 11V11 的比赛。

球员在自己本方的半场内最多只能触球 2 次。在进攻的半场触球次数不限。

球员如果从边路传中后进球，得 2 分。

训练量

2 组，每组 12 分钟，组间间歇 3 分钟。

训练课的结束部分：拉伸练习

训练课 2 短时间高强度的战术训练和对抗训练

训练课的开始部分

一般热身："波浪式"跑 5 分钟

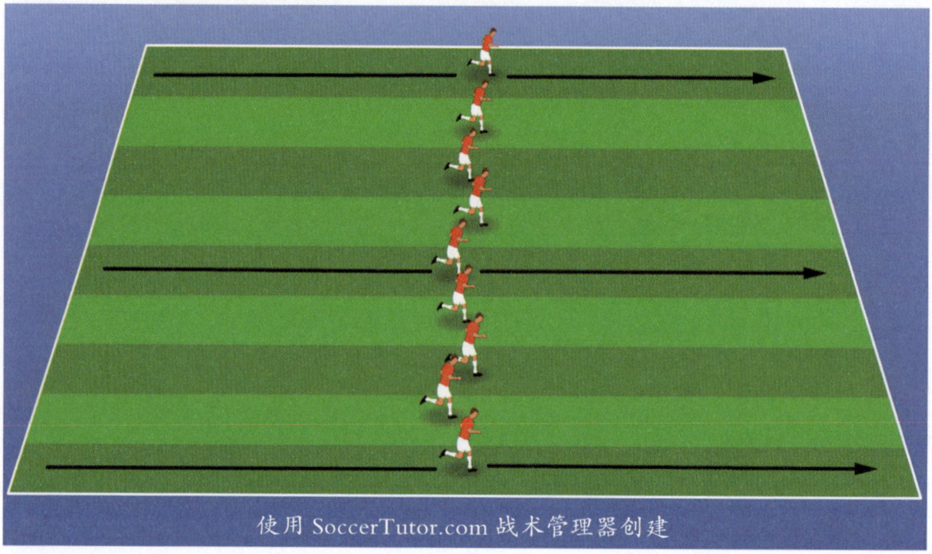

训练目的

进行一般灵活性练习。

训练组织

所有球员同时朝一个方向跑动，可以改变跑动时的动作，如正常慢跑、后退跑、侧向跑、起跳做争头球的动作、短距离冲刺 + 休息等。

这是一种非常基本的热身类型，球员可以围着球场周围、从一个罚球区跑到另一个罚球区或使用球场的宽度或一半长度的距离跑动。

指导要点

（1）加强关节灵活性练习，以增加髋关节和肩关节的活动度。

（2）确保球员在热身运动前、中、后做拉伸运动。许多球员对此可能有自己的习惯。

专项热身：用 2 个球进行小组间的传球 5 分钟

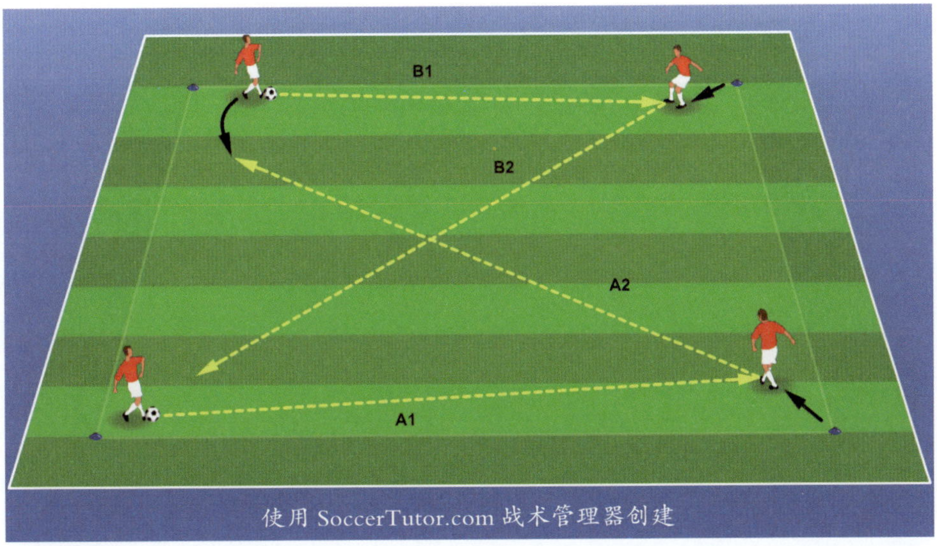

训练目的

发展传球和接球的技术，培养传球、接球的意识和时机。

训练组织

球员 4 人为一组在一个小区域内相互传球（B_1—B_2—A_1—A_2）。每组球员有 2 个球，每名球员触球最多 2 次。

指导要点

（1）球员应用靠后的脚传球和接球。

（2）球员传球时要抬头看队友和另一个球的位置。球员拥有良好的传接球意识可以创造正确的传球时机，避免 2 个球碰到一起。

激活：Rondo 控球游戏 10 分钟

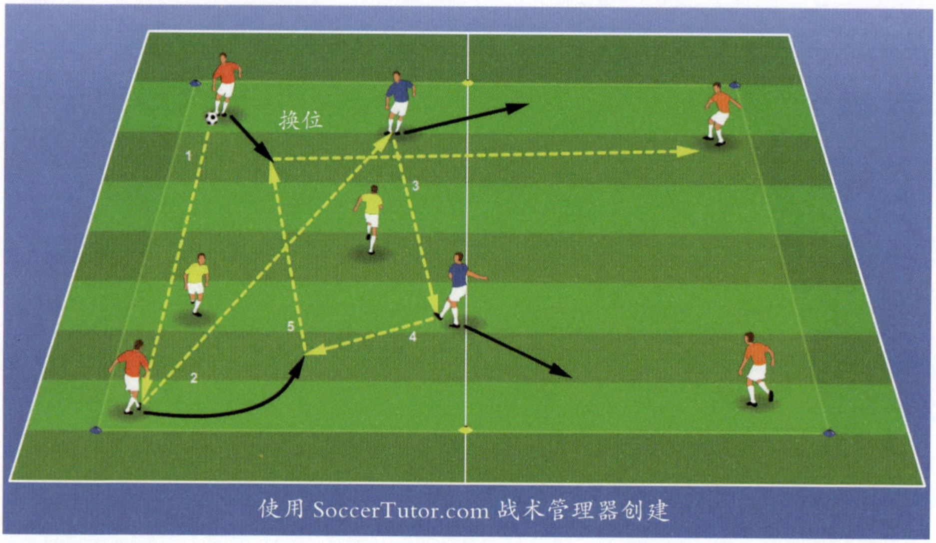

训练目的

在练习中提高传球、接球、移动和控球的能力，同时激活肌肉。

训练组织

球员 8 人为 1 组，场地大小为 16 米 ×8 米。每组的 8 名球员被分成 4 对（红、蓝、橙、黄）。红队在左边，蓝队在中间，橙队在右边，黄队是防守队员。

球员在一个半场地进行 Rondo 控球比赛，最多触球 2 次。2 对球员控球，另外 1 对球员防守（黄队球员）。连续完成 5 次传球后，将球传到场地的另外一个半场（传给橙队球员），蓝队和黄队球员移动到另外一个半场继续做相同的练习。如果某一对球员丢球则马上与 2 名防守球员互换角色。（上图中的数字表示传球的顺序）

指导要点

（1）传球跑位的速度要快，要在传球角度被封堵前传球。

（2）2 名防守球员需要共同防守，压迫对手以封堵其传球路线。

训练课的主体部分

短时间高强度的传中与射门练习 16 分钟

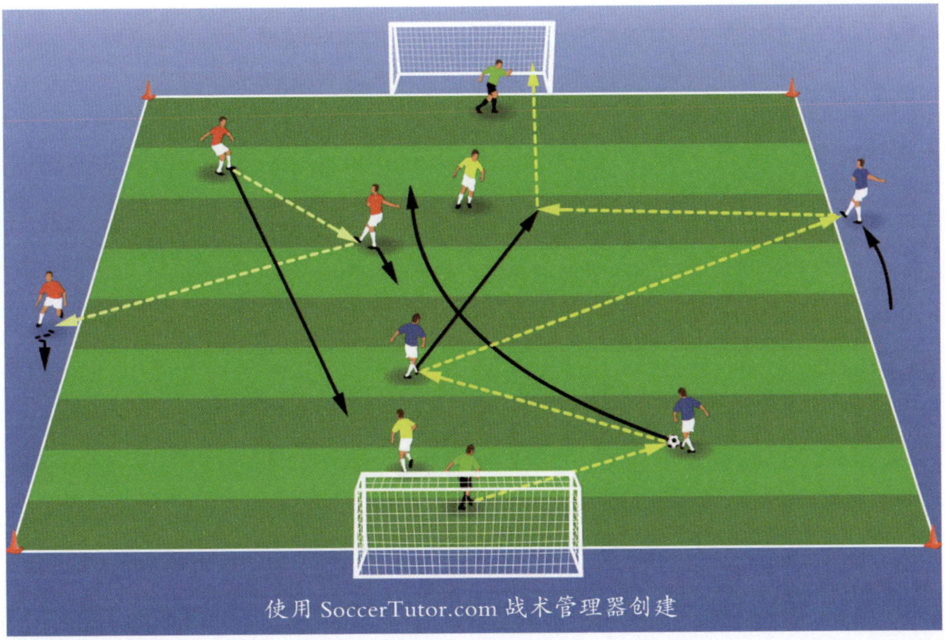

进攻战术目的

在进攻和站位演练中利用场地的宽度。

防守战术目的

选好站位，在中间对横向传球进行盯防。

训练组织

在 30 米 ×20 米的区域内，有 2 名后卫、2 名中前卫、2 名边锋、2 名前锋和 2 名守门员。外场球员被分成 2 组，同时向相反的方向进攻。守门员和后卫呆在同一个位置上。

练习从 2 名守门员传球给中前卫开始，中前卫传给前锋，前锋再传给边锋。边锋传中给前锋射门，后卫试图阻止前锋射门。一个练习连续重复 4 次，每个方向重复 2 次。

训练量

8 组，每组 1 分钟，组间间歇 1 分钟。可以改变传球的规则和顺序。

短时间高强度 1V1、2V2、3V3、4V4 小场地对抗训练 16 分钟

在一个 30 米 ×20 米的区域，场上球员有 8 名（2 组、每组 4 名球员）和 2 名守门员，进行 4 组不同的短时间高强度对抗训练。球员人数是可以变化的。

进攻战术目的

相互支援，创造空间，形成 1V1、2V2、3V3、4V4 的局面。

防守战术目的

防守补位，盯人防守。

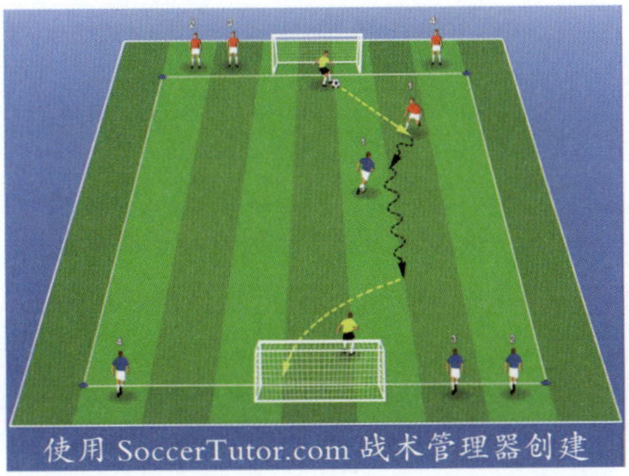

第 1 组

进行 1V1（+ 守门员）的对抗训练。2 人一组，轮流进行 20 秒 1V1 对抗。第一组球员完成 20 秒的对抗后，第二组球员入场进行对抗。

每名球员进行 3 次练习，练习持续时间为 6×20 秒的比赛。

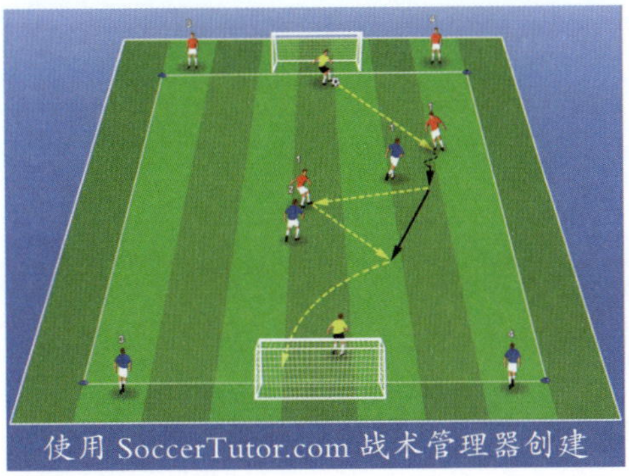

第 2 组

进行 2V2（+ 守门员）的对抗训练。前两组球员进行 40 秒的 2V2 对抗，比赛结束后，另外两组球员就迅速开始新的 40 秒 2V2 对抗。

每名球员进行 4 场 40 秒的比赛，每次比赛结束后休息 40 秒（站在场外）。一共进行 8 场比赛。

第 3 组

进行 4V4（+ 守门员）的对抗训练。完成 4 组持续 1 分钟的对抗训练，每场对抗训练结束后有 1 分钟的休息时间。

第 4 组

场上球员都有各自的编号（1 ~ 4 号）。教练喊出 1 个数字，该数字为进行小场地对抗训练每方的上场人数。

球员结束一次对抗后回到场地外面。教练再喊出一个不同的数字，球员进行下一次对抗。

训练课的结束部分：拉伸练习

训练课 3 最大强度的战术和对抗训练

训练课的开始部分

一般热身：在正方形场地中跑动 5 分钟

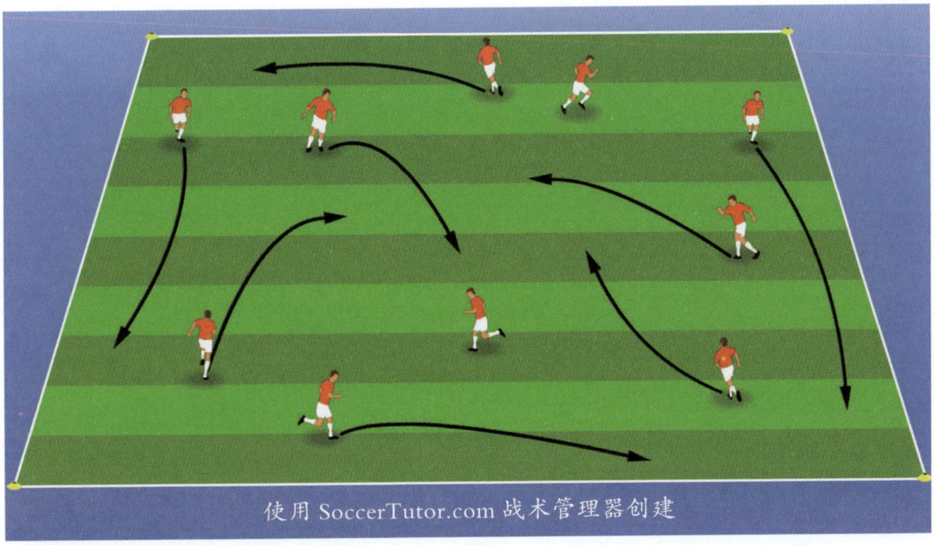

训练目的

进行一般灵活性练习。

训练组织

热身练习在一个正方形场地中进行，正方形的大小取决于参加训练球员的人数。教练也可以将球员进行分组，在不同形状（如矩形、三角形或圆形）的区域中练习。

与其他的热身练习不同的是，球员在这个练习中可以自由地移动，可以自由选择移动路线，可以不断地改变方向。

指导要点

（1）要求球员用跑动来创造更多的空间。

（2）鼓励球员变向并采用不同的跑动形式（如侧向跑动）。

（3）要求球员在跑动过程中抬头，注意观察周围的球员，避免相互碰撞。

专项热身 + 激活：快速传球和施压　　5 分钟

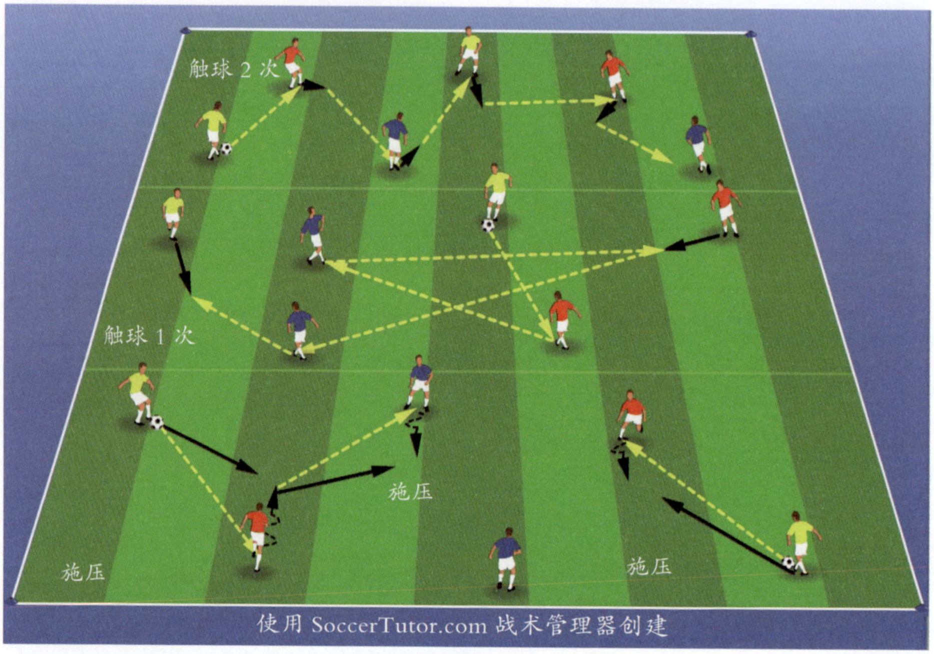

训练组织

将球员分成3组（蓝、红、黄），每组有6名球员，将每组球员分成3对，分别站在三等分的场区，如上图所示。球员依次完成三个进阶式的练习。

在第一阶段，球员之间自由传球，限每名球员触球2次；在第二阶段，限每名球员触球1次；第三阶段则为激活，球员传球后对新的持球球员施压。

激活　　5 分钟

在第三阶段（激活），球员将球传给与自己队服颜色不同的球员后上前对其施压。持球球员再将球传给下一名球员后对其施压。

在该阶段，球员一旦接到球并遭到对手的施压，必须和另一名球员进行二过一配合，绕过上前施压的防守球员后再次接同伴的传球。

训练课的主体部分

3 区域的高强度动态 6V3 控球转换比赛　24 分钟

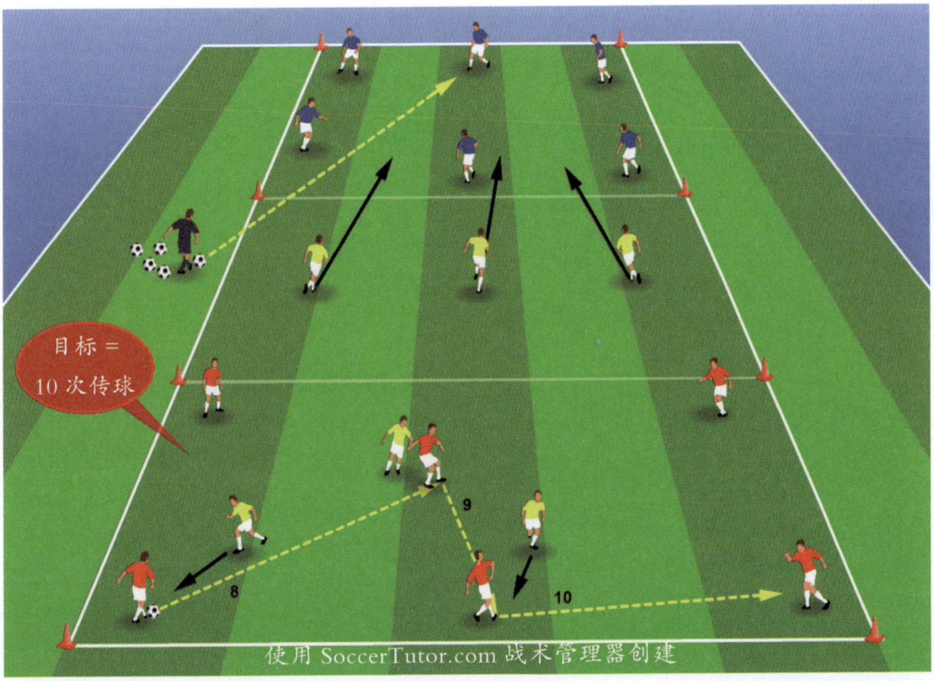

进攻战术目的

创造空间、快速传球、策应和移动。

防守战术目的

快速组织、压迫和切断传球路线。

训练组织

将 45 米×15 米的区域划分为三等份。将球员分成 3 组（红、黄、蓝），每组 6 名球员。从一个区域开始 6V3 的练习，控球队的球员只能触球 2 次。如果控球方连续完成 10 次传球，那么教练安排在另外一端区域内的球员开始同样的练习，其他 3 名黄队球员开始防守（再次形成 6V3 的局面）。

如果一名球员丢了球，教练在另一端区域内投一个新球给球员开始对抗，丢球方的3名球员移动到新的区域向对手施压，另外3名球员移动至中间区域。

训练量

3组，每组6分钟，组间间歇2分钟。

持续高强度的 7V7（+6）小场地对抗训练　22 分钟

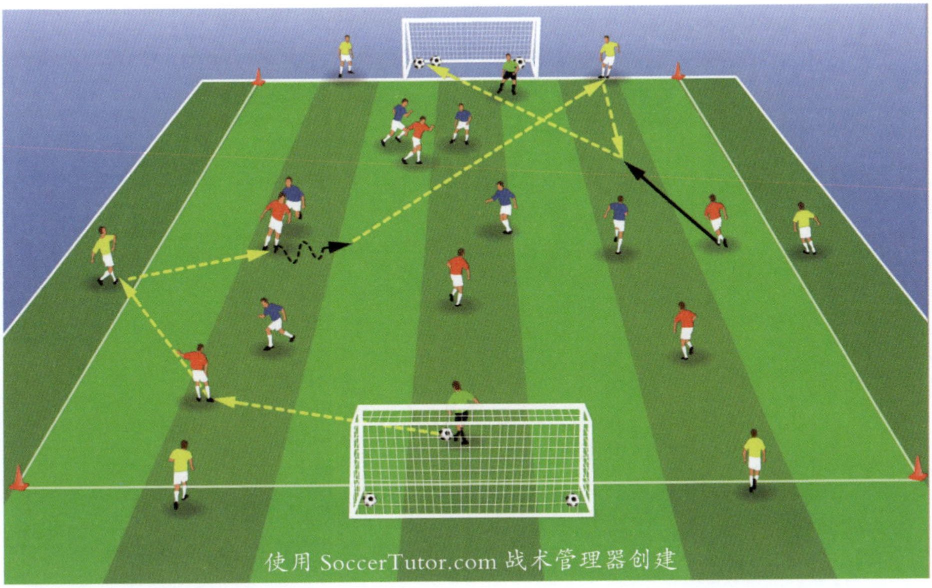

进攻战术目的

快速配合、传中和射门。

防守战术目的

失球后快速施压（由攻转守）。

训练组织

在一个 35 米 ×25 米的区域，将球员分成 3 组，每组 6 名球员。本练习有 2 名守门员参与。2 组球员在区域内进行 7V7 的比赛，1 组球员站在区域外与控球组球员做配合。

第一个系列是联赛，即 6 组 ×1 分钟比赛 +30 秒恢复。第二个系列是“场地之王”（king of the track），即获胜的队在区域内接着比赛，如果是平局，则比赛时间最长的一组球员到场外区域休息。

训练量

2 组，每组 9 分钟，组间间歇 2 分钟。

训练课的结束部分：拉伸练习

小周期内训练负荷的监控

训练计划一旦开始实施，整体（球队）和个体（球员）运动表现方面信息的保存至关重要。训练方案应确保评估过程的质量，同时允许调整并提供持续的系统反馈。数据应以一种简单的形式呈现，这样教练就可以很容易地使用。表 3-1 是一个电子表格的实例，记录了一支球队在连续小周期中每个练习所用的时间。

目前，一些记录数据的技术应用程序已经投放市场，这是一个快速发展变化的过程。但管理人员通常可以提出个性化解决方案，比计算机软件的功能更强。教练应有自己的训练质量控制体系，且体系要与球队的绩效指标相搭配。

表 3-1 记录了一支职业球队在连续的小周期中每个练习的训练量。由于受很多因素影响，对所有球员的训练负荷进行统一测量非常复杂。在过去的几年中，用来确定球员的外部负荷（移动距离、高强度活动、加速、减速和代谢性功率等）和内部负荷（心率、乳酸和唾液中的激素浓度等）的参数有很多。训练负荷的概念不应局限于体能参数和生理参数，而应辅以与训练课期间复杂训练内容相关的数据。从这个意义上说，自觉疲劳程度量表被证明是反映训练需求的有效指标（Impellizzeri 等，2004；Abrantes 等，2012；Casamichana 等，2012）。

量化训练负荷的另一个非创伤性替代方法是基于训练课期间所用的各类练习量表。在这种情况下，结果是根据比赛需求来表现的。在表 3-1 中，比赛需求的值为 10 分（最高分）。此后，每个训练类别将根据复杂训练内容和训练强度获得一个数值。训练课结束后，完成每个练习的时间（以分钟计）乘以训练负荷指数。一次训练课中使用的所有练习的时间总和可以用来估计当天的训练负荷。表 3-2 展示了一名职业球员在连续的小周期中训练负荷的评估。

表 3-1 一支职业球队在连续的小周期中每个练习的训练量 / 分钟

日期	25	26	27	27	28	29	30	1	13–14	2	3	4	14	5	6	7	8	9	14–15	10	11	12	13	14	15	15	16	16	17	18	19	16
无球热身	10	0	10	5	5	5	0	5	40	10	5	5	20	10	0	5	5	5	25	10	5	10	5	5	35	10	0	10	0	5	5	30
有球热身	5	0	5	10	15	10	15	15	75	5	10	15	30	5	0	15	10	15	45	5	10	5	10	15	45	5	0	5	15	10	15	50
体能	20	0	0	15	0	0	10	10	45	20	5	0	25	10	0	0	10	0	20	20	0	10	5	0	35	20	0	0	10	0	0	30
低强度	20								20	20			20	10					10	20					20	20						20
中强度									0				0						0													
长时间高强度				15					15				0						0													
短时间高强度									0				0						0													
最大强度							10		10		5		5				10		10			10	5		15				10			10
技术	0	0	20	0	0	15	0	0	35	20	0	0	20	20	0	15	0	0	35	30	10	15	0	0	55	20	0	15	10	0	0	45
低强度									0	20			20	20					20	30					30	20						20
中强度			20		15				35				0			15			15		10	15			25			15	10			25
长时间高强度									0				0						0						0							0
短时间高强度									0				0						0						0							0
最大强度									0				0						0						0							0
战术	20	0	25	25	45	25	25	0	165	0	40	0	40	10	0	30	35	0	75	0	20	25	20	0	65	10	0	25	30	25	0	80
低强度	20						10		30		10		10	10		15	20		45				20		20	10			15	10		35
中强度			25		15	25			65		20		20			15			15		20	25			45			25	15	15		55
长时间高强度					30				30				0						0						0							0
短时间高强度				25					25				0						0						0							0
最大强度							15		15				10				15		15						0							0
比赛	0	0	20	25	30	25	15	0	115	0	0	0	0	0	0	20	0	0	20	0	20	20	15	0	55	0	0	15	20	15	0	50
低强度									0				0						0						0							0
中强度									0				0						0		20				20							0
长时间高强度			20		30				50				0			20			20			20			20				20			20
短时间高强度				25					25				0						0						0			15				15
最大强度						25	15		40				0						0				15		15					15		15

表 3-2　一名职业球员在连续的小周期中训练负荷的评估

	第一个小周期（5天）					第二个小周期（7天）							第三个小周期（6天）						第四个小周期（4天）				恢复期（4天）			
日期	13	14	15	16	17	18	19	20	21	22	23	24	25	26	27	28	29	30	31	1	2	3	4	5	6	7
训练课 / 次	2	1	1	1		1		2	1	1	1		1		2	1	1		1	1	1					
比赛 / 场					1							1						1				1				
休息 / 天							1						1										1	1	1	1
训练量 / 分钟	140	100	75	100	115	70	0	135	110	85	75	115	85	0	130	100	60	115	90	80	55	115	0	0	0	0
训练负荷 / 任意单位	5.2	4.5	4.1	3.2	10	3.8	0	7.1	4.9	3.1	2.3	10	4.4	0	6.1	4.2	2.5	10	4.9	3.7	1.8	10	0	0	0	0

为进一步创建日益复杂的进阶式训练方法，就必须记录球员每次训练期间运用的所有练习。这也有助于教练在赛季期间和赛季的各个阶段更好地对比赛模式的原则和子原则进行排序。球员掌握战术知识的速度快，标志着其战术能力的进步大。了解这些信息，有助于教练设计难度更高的练习。但这些信息必须来自于比赛，因为比赛是对球队和球员战术能力的真正考验。在赛季中，教练对训练和比赛进行持续调整会提高球队的比赛表现。

教练监控球员在训练和比赛期间的身体参数有助于获得更多的训练信息，以丰富其对训练过程的解释。这只是反映球员运动表现的体能维度，还应辅以技术分析和战术分析，才能成为一个完整的分析。

此外，教练拥有一个训练方法库有助于确定每个训练具体的要求。每个教练都会根据自己的经验，选择某些在过去被证明有效的训练来实现目标，让球员学习教练所要传递的概念。这些练习对每个特定环境的灵活适应有助于减少训练过程的不确定性。

教练在监控球队表现的同时，还必须在每次训练中对每名球员进行分析。监控球员的日常训练负荷是有趣的，这样不会忘记当日训练前后的练习。

表 3-3 记录了一名职业球员在一个训练周期内的训练负荷。一支球队的每名球员在一天结束或一个小周期结束时并没有表现出相同的训练负荷，因为他们在每次训练中不一定都进行相同的练习。对负荷的控制允许教练根据每个训练周期设计个体化的训练方案，制订具体的预防损伤计划，

以减少非创伤性损伤的发生（Paredes，2009）。

表 3-3　一名职业球员在一个训练周期内的训练负荷

	球员										周期
	1	2	3	4	5	6	7	8	9	10	I
训练课 / 次	4	10	5	7	6	4	5	6	7	0	54
比赛 / 场	0	0	0	0	0	0	1	1	2	0	4
休息日 / 天	0	0	3	1	1	3	1	1	0	4	14
训练量 / 分钟	275	785	480	540	495	355	600	605	745	0	4880
训练负荷 / 任意单位	11.6	33.1	27.9	27.5	29.9	19.4	30.8	31.8	43.2	0	225
热身 / 分钟	0	60	25	20	0	0	60	95	75	0	335
自行车 / 分钟		5	20				20	25	15		85
预激活 / 分钟		15	5				40	40	30		130
力量 / 分钟		40		20				30	30		120
训练课 / 分钟	275	725	445	520	495	355	540	510	670	0	4545
无球热身 / 分钟	10	65	45	50	45	25	30	35	40	0	345
波浪跑 / 分钟	5	25	10	10	15	10	5	10	5		95
区域内跑动 / 分钟		10	5	15			5		5		40
直线跑 / 分钟	5		20	10	15	15	5	15	10		95
比赛 / 分钟			5								5
激活 / 分钟		30	5	15	15	0	15	10	20		110
有球热身 / 分钟	0	70	70	60	55	35	60	50	95	0	495
小组练习 / 分钟		25	25	25	20	15	20	15	25		170
区域练习 / 分钟		5	20	10	10	10	10	10	20		95
按顺序传球 / 分钟		5		10	10		15	10	10		60
比赛 / 分钟		35	15						20		70
战术 / 分钟			10	5	10	10	15	15	15		80
个性化训练（损伤预防练习）/ 分钟				10	5				5		20

教练可以采用许多方法来创新足球训练的结构、组织和方法体系。毫无疑问，每名教练都应将自己从各处获得的信息与实践经验结合，形成自己的训练体系。理论和实践的相互促进对于教练提高执教水平至关重要。

按照前三章所述内容，图 3-6 总结了训练过程的系统化方案，代表了足球系统的训练过程。再次有必要强调，这是一个开放的、可适应的、混乱的、复杂的、动态的和不断发展的系统，书中所介绍的一切都不应被视为绝对真理。每支球队和每个球员都需要有个性化的训练方法。

更重要的是，随着时间的流逝，书里的观点可能会过时，新的观点将更详细地解释研究对象。足球运动必然会不断发展，足球训练的理论和实践也是如此。

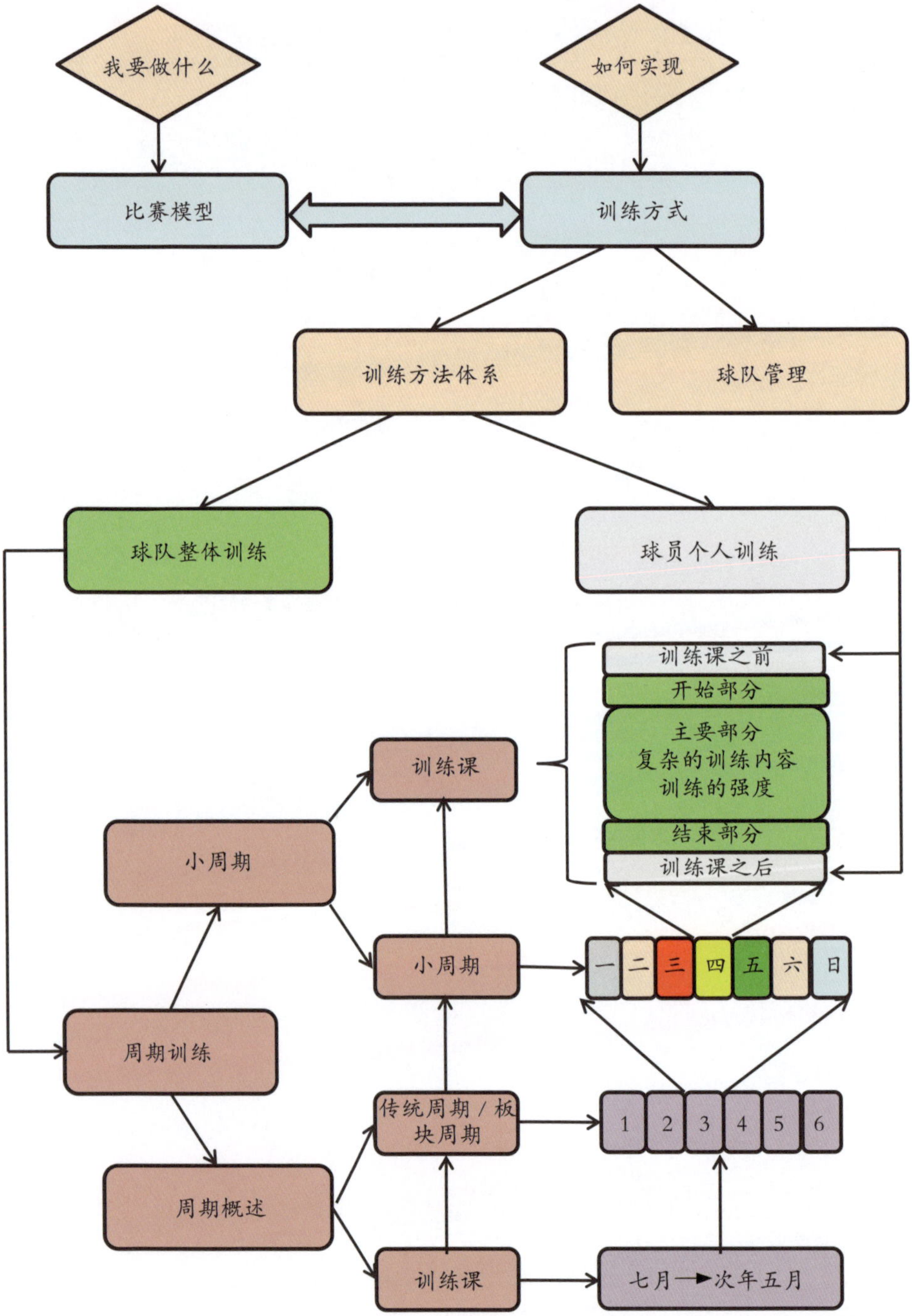

图 3-6 训练过程的系统化方案

4 围绕比赛四个阶段的训练

本章所有训练课的组织都遵循于本书之前章节所阐述的标准。

训练课的主要目的是根据球队的比赛模式，遵循一个战术目标开展训练。为此，本章设计了四种不同类型的训练作为范例，分别针对比赛的每个主要阶段（进攻、防守、由攻转守和由守转攻）。这些只是综合性的例子，均没有考虑比赛对手的特点。

一旦选择了战术目标，就意味着训练强度是优先考虑的。在比赛期间，训练强度分为长时间高强度、短时间高强度或者最大强度。球员数量、场地空间、训练持续时间和规则都可以根据所追求的目标而具体修改，特别是要根据球员的能力进行修改。从这个意义上说，训练课没有通用的规则，相关参数必须针对每个特定的训练方案单独进行调整。

训练课 4 长时间高强度的进攻训练

训练课的开始部分

热身：双人传球方框——互相对接的短传和长传练习 10 分钟

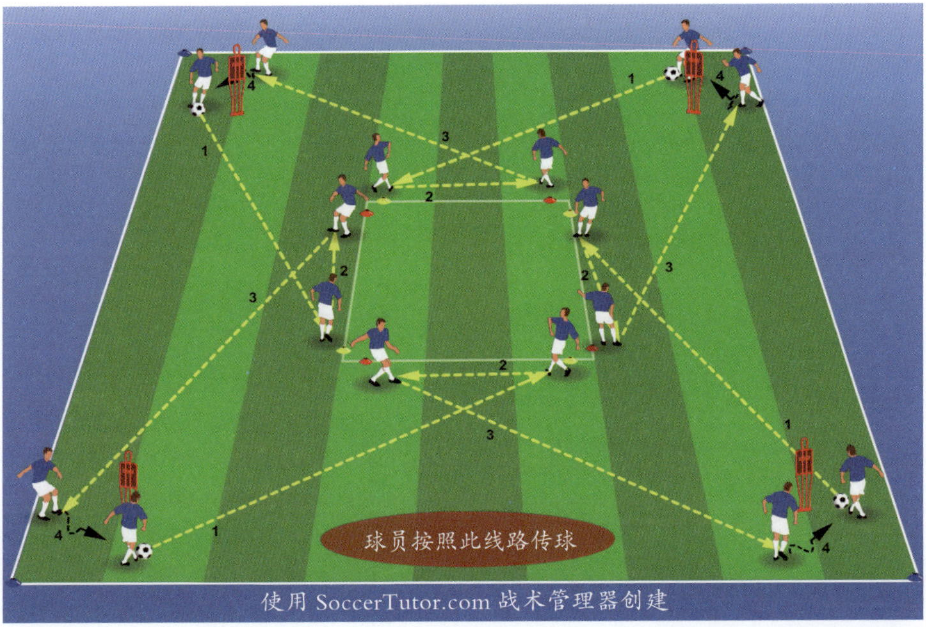

训练组织

在 15 米 ×15 米的正方形区域内（场地每个角摆放一个假人）有 1 个 5 米 ×5 米的小方框。球员同时开始踢 4 个球。球员传球和移动的顺序始终一致：站在假人旁边的球员向站在对角线方向上、在小正方形角上的球员传球，该球员再传给与他站在同一条小正方形边上的球员，此球员再传给对角线方向、站在假人旁边的球员，如上图数字所示的路线。训练始终重复这一顺序。

变化

（1）从带球开始，然后进阶到传球和移动。

（2）每次传球后，让球员做个人热身动作。

（3）每 2 分钟改变一次传球和跑动的方向。

（4）在每个角落的假人后完成一次二过一配合来提高难度。

激活：带球接力跑 5 分钟

使用前一个练习中大正方形区域的 4 个角进行接力跑。站在每个角落的第一个球员向对面的角带球，直到完成一圈。可改变的因素有带球、传球和冲刺。

热身：3 个区域的 3V3（+2）接应的控球比赛 15 分钟

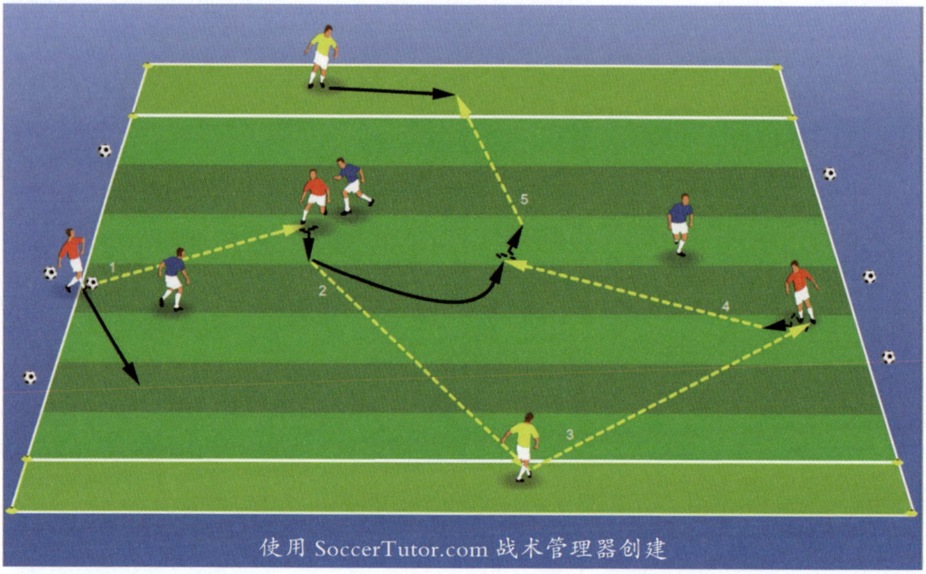

训练组织

在 20 米 ×15 米的长方形区域里，将球员分成 8 人一组进行控球比赛。在中间区域形成 3V3 的局面，2 名中立球员（黄色）分别站在两侧的狭小区域内，与控球一方的球员做配合。该练习要限制中间区域内的球员触球 2 次，中立球员触球 1 次。

如果球员的场上位置在中间（中后卫、中前卫或前锋），就在长方形的长边移动。中立球员如果是边后卫或边锋时，教练就在长方形的短边创建一个小区域给他们。（上图中的数字表示传球的顺序）

训练量

3 组，每组 4 分钟，组间间歇 1 分钟。

训练课的主体部分

模拟比赛，中场保持控球和 11V4 的进攻　　15 分钟

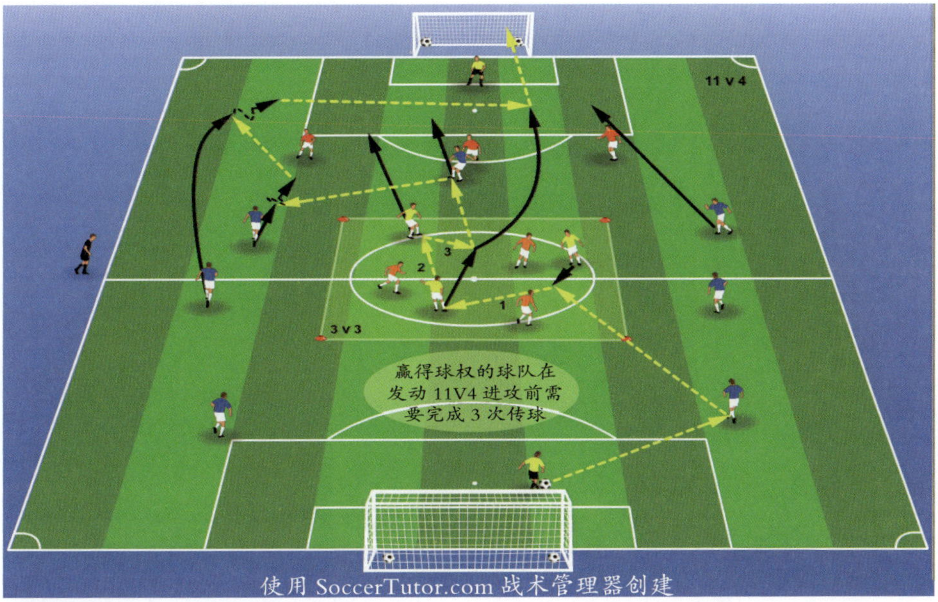
11 V 4
3 V 3
1
2
3
赢得球权的球队在
发动 11V4 进攻前需
要完成 3 次传球
使用 SoccerTutor.com 战术管理器创建

训练组织

使用全场，在球场的中央标出一个 15 米 ×15 米的正方形，里面有 6 名球员 (2 个组，即橙队和黄队各 3 名球员)，所有的球员都在各自的位置上。守门员先拿球，然后把球传到球场中央的正方形区域内。

正方形内的 2 组各 3 名队员以成功连续完成 3 次传球为目标进行对抗。完成连续 3 次传球的一组球员与蓝队球员一起成为进攻方（11V4），向另外一个球门方向进攻。

变化

边后卫和边前卫在场外给控球球员提供支援。

训练量

2 组，每组 7 分钟，组间间歇 1 分钟。

基于控球直接打法及比赛情景的 9V9 小场地对抗训练 36 分钟

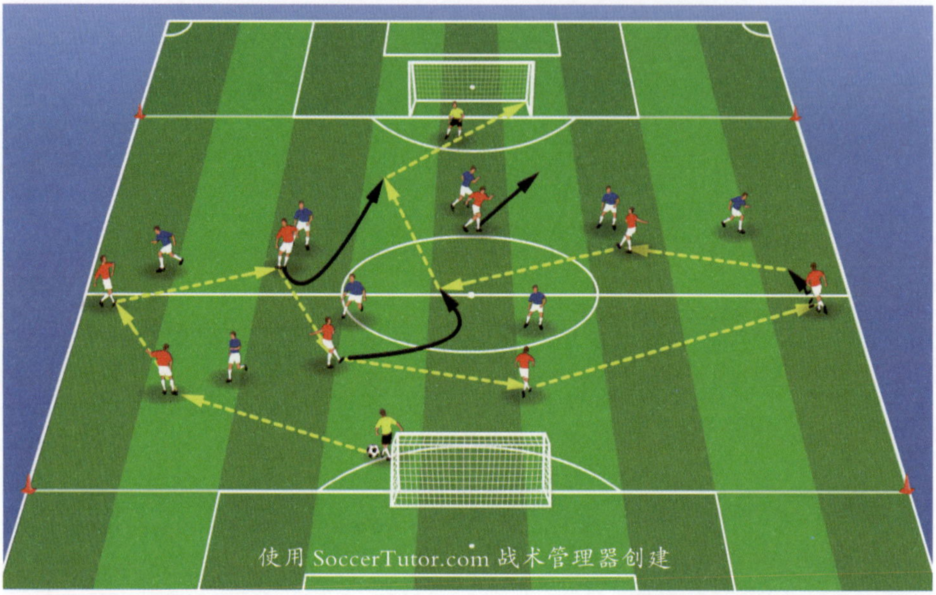

训练组织

使用两个罚球区之间的区域，两个标准尺寸的球门，在不同的情况下进行 9V9 的比赛。

三组训练的重点和目标都不一样。

第一组：重点是控球，让尽可能多的球员参与控球。如上图所示，红队控球，在左侧边路通过中场把球转移到右侧边路，再传到中路并完成射门。

第二组：重点转移到直接打法上（长传），目的是把球快速从后场传到前场。

第三组：在比赛场景下训练。假设比赛的最后 10 分钟，球队 0 ：1 落后，必须在比赛规则的约束下争取进 1 个球。

训练量

3 组，每组 10 分钟，组间间歇 2 分钟。

训练课的结束部分：拉伸练习

训练课 5 短时间高强度的防守训练

训练课的开始部分

协调性、抗阻和步法练习 10 分钟

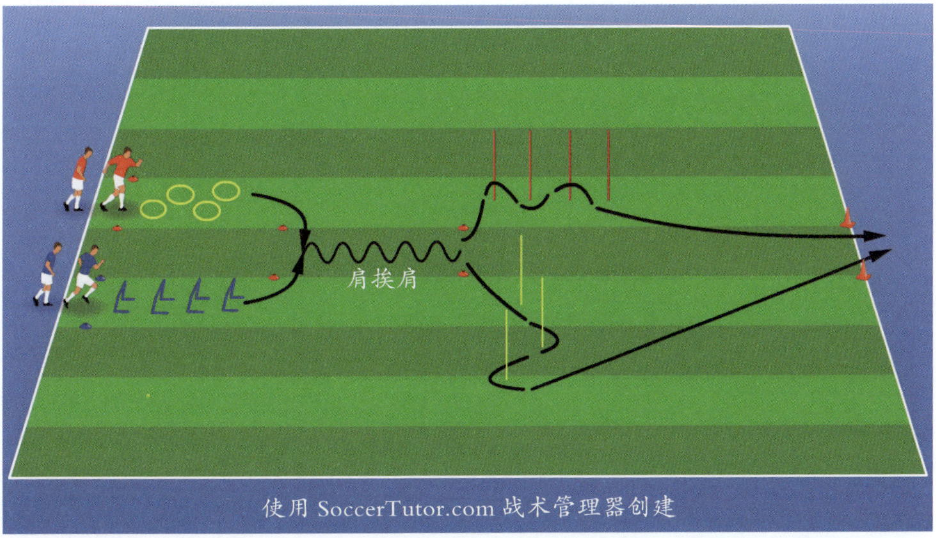

训练目的

在热身中发展速度和力量、提高加速能力和协调性。

训练组织

将球员分成 2 组。如上图所示摆放速度圈、栏架和标志杆。

2 名球员同时开始进行协调性训练（用各种步法跳过速度圈、栏架），然后互相抵住肩膀跑向标志盘。他们分开后，立即用蛇形跑绕过标志杆（不同的移动模式），然后改变速度跑（冲刺）到最后一个标志桶，最后慢跑返回。

激活 5 分钟

使用协调性、抗阻和步法相同的练习（或者把协调性练习器材换成绳梯或标志杆），用最大的强度完成，最后走回起点代替慢跑。

训练课的主体部分

1V1 对抗中的速度、加速和防守练习 14 分钟

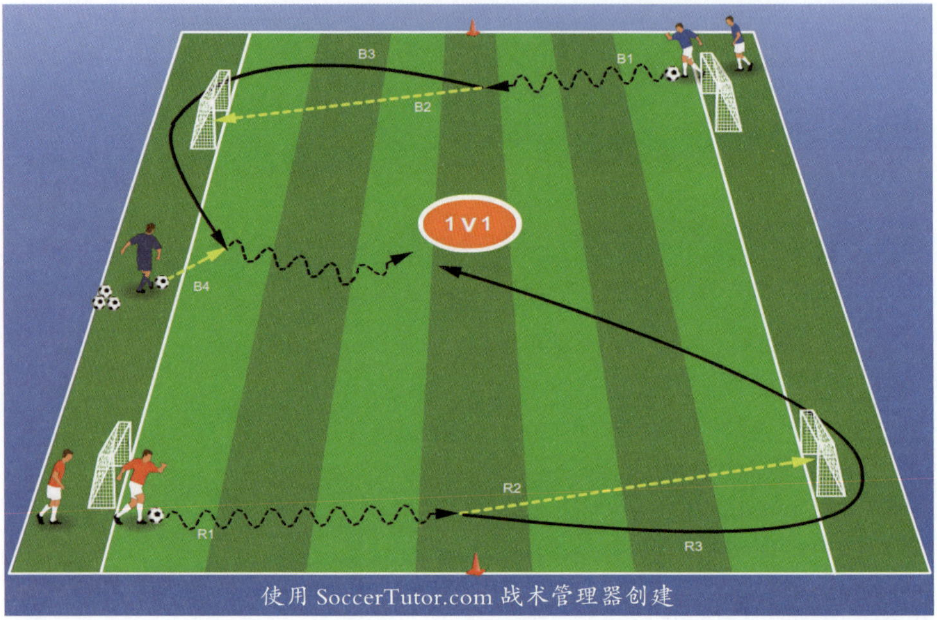

训练目的

在 1V1 的对抗中提高快速移动的能力和防守中的加速能力。

训练组织

如上图所示，在一个 20 米 ×25 米的场地中摆放 4 个小球门。球员在 2 个相对角落的线上同时启动（B1、R1），向前带球。

球员在将球射进对面的球门后（B2、R2）绕球门冲刺，一旦球员绕过球门（B3、R3），教练就给其中 1 人传球（B4），然后 2 名球员进行 1V1 对抗。每名球员都要防守住己方的 2 个球门不被攻破。

第一组：1V1 对抗。

第二组：2V2 对抗。球员成对从 4 个角落同时启动。

训练量

2 组，每组 6 分钟，组间间歇 1 分钟。

2V2 射门练习中的防守　　12 分钟

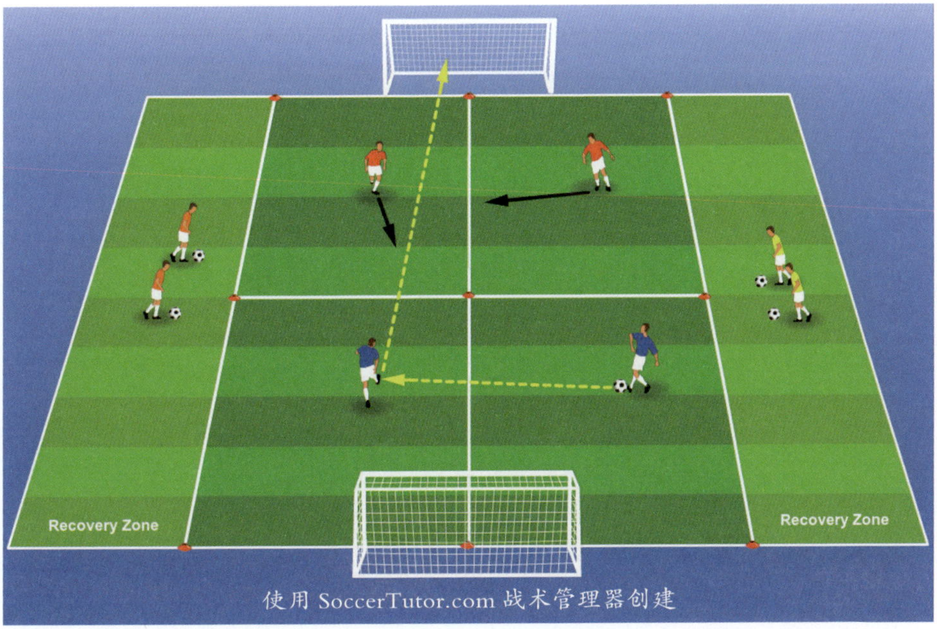

训练目的

目的是防守，包括封堵传球路线和快速移动（向前、向后和侧向）的短时间高强度训练。

训练组织

2 个球门摆放在 20 米 ×10 米场地的底线上。球员 8 人一组，4 人训练 4 人恢复。

场地被划分为 4 个大小相等的区域，每个区域有 1 名球员。2 人一组，任意一组持球。进攻方（蓝色）限触球 2 次，全力争取进球。

2 名防守者（红色）需要有共同防守的概念（截断传球路线），短距离快速移动（向前、向后和侧向）。

训练量

6 组，每组 1 分钟，组间间歇 1 分钟。

持续 1V1、2V2、3V3、4V4 对抗循环训练 36 分钟

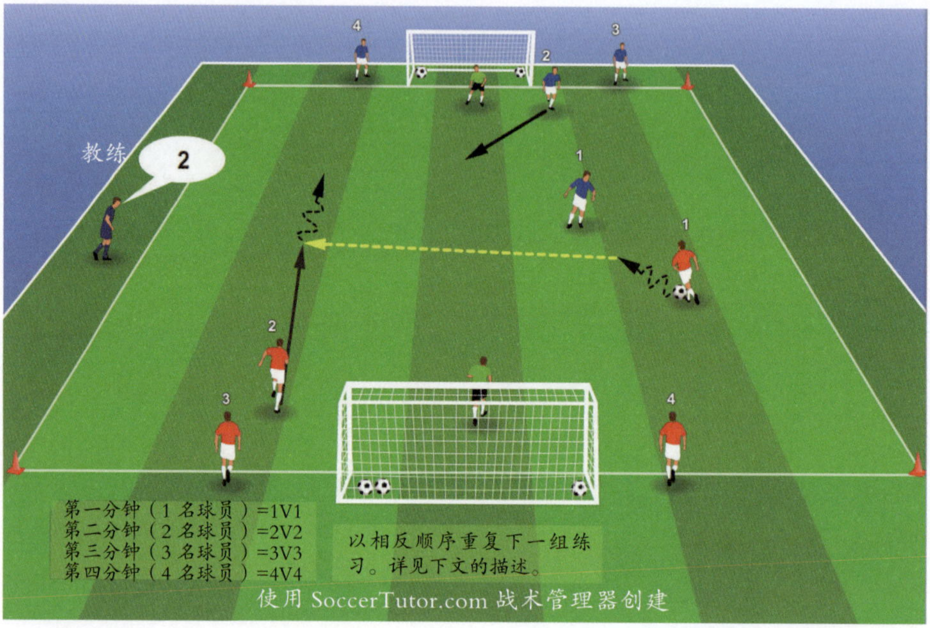
教练
2
第一分钟（1 名球员）=1V1
第二分钟（2 名球员）=2V2
第三分钟（3 名球员）=3V3
第四分钟（4 名球员）=4V4
以相反顺序重复下一组练习。详见下文的描述。
使用 SoccerTutor.com 战术管理器创建

训练组织

在一个 35 米×30 米的场地里，将球员分成 2 组，每组 4 名球员 +2 个守门员。每名球员都有各自的编号（1 ~ 4）并按此顺序出场。

第一分钟为 1V1 对抗，第二分钟开始每队加入 1 名队员开始 2V2 对抗。第三分钟开始 3V3 对抗，第四分钟开始 4V4 对抗。

然后按照相反的顺序重复，最先进来的 2 名球员在 4V4 对抗 1 分钟后出场，随后进来的 2 名球员在 3V3 对抗 1 分钟后出场，依此类推直到最后加入的球员完成 1V1 对抗。每组练习 7 分钟。

球员以不同顺序编号开始第二组、第三组和第四组的练习。

训练量

4 组，每组 7 分钟，组间间歇 2 分钟。

训练课的结束部分：拉伸练习

训练课 6 由攻转守的最大强度训练

训练课的开始部分

快速移动、空中争顶和传球的热身 10 分钟

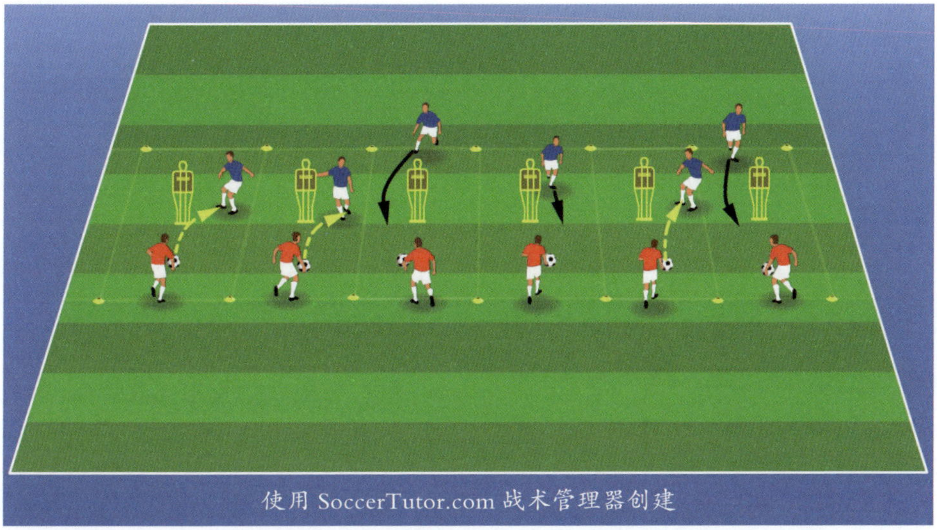

训练目的

在热身中提高快速移动、步法、空中争顶和传球的能力。

训练组织

球员 2 人一组，用 1 个球，中间摆放假人。1 名球员（红色）用手掷球，1 名球员冲刺绕过假人去接球。

蓝队球员（译者注：原文中是红方球员，系作者笔误）用不同的方式接球：

（1）脚内侧凌空传球。

（2）脚背或正脚背凌空传球。

（3）2 次触球——胸 + 脚内侧凌空传球，大腿 + 脚背凌空传球等。

（4）头球传球。

红蓝双方球员交替完成同样时长的练习。

变化

改变移动类型（向前、向后、侧向和跳跃）和传球配合。

激活：短冲刺、快速反应和转换位置 5分钟

训练目的

提高快速移动、加速的能力和爆发力。

训练组织

与“快速移动、空中争顶和传球的热身”练习类似，球员 2 人一组，使用相同的场地。

练习中，球员不使用球，所有球员同时进行练习。教练喊“1”，2 名球员顺时针方向交换位置。教练喊“2”，2 名队员逆时针方向交换位置。

变化

（1）教练可以使用不同的命令（字母、词语、让球员做与口头指令相反的动作或者用视觉信号）来提高球员的意识。

（2）球员可以使用不同的起始姿势，如面对假人、与假人背对背等。

训练课的主体部分

由攻转守的同时进行 4V2 抢圈训练 18 分钟

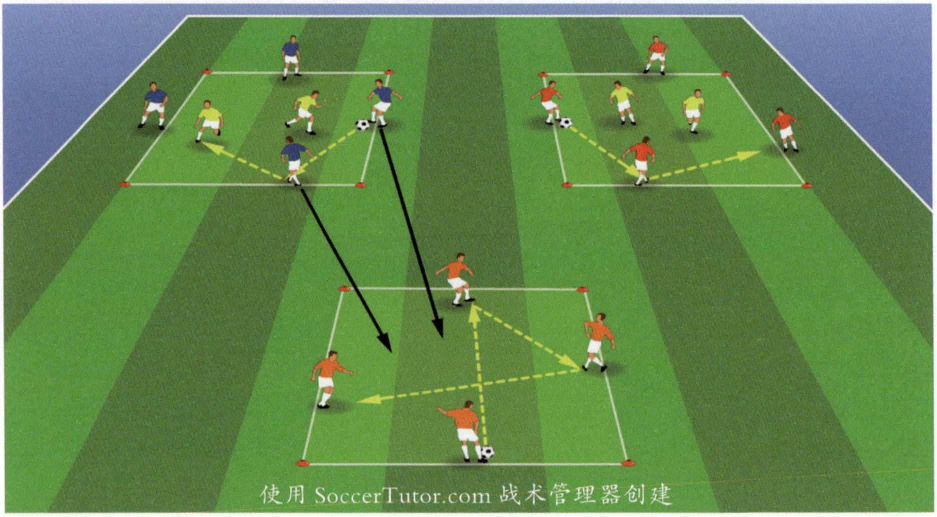

训练组织

如上图所示，有 3 个 8 米 ×8 米的正方形场地，彼此相距 10 米。每个正方形的每边站 1 名球员。有 2 个正方形内有 2 名球员进行防守以争夺球权（4V2 控球练习）。有 1 个正方形里无防守球员。

防守球员努力去抢球。球被防守球员碰到后，传丢了球的球员以及在此之前给他传球的球员（上图中的 2 名蓝队球员）变为防守球员，到第三个正方形中去防守。

变化

（1）限制所有球员触球 2 次。

（2）限制触球 1 次和触球 2 次交替采用。

（3）限制所有球员触球 1 次。

（4）如果 4 名球员连续完成 10 脚传球，防守球员就去另一个正方形中防守。

训练量

3 组，每组 5 分钟，组间间歇 1 分钟。

结合场上位置的配合、射门和 2V1 进攻的循环训练 15 分钟

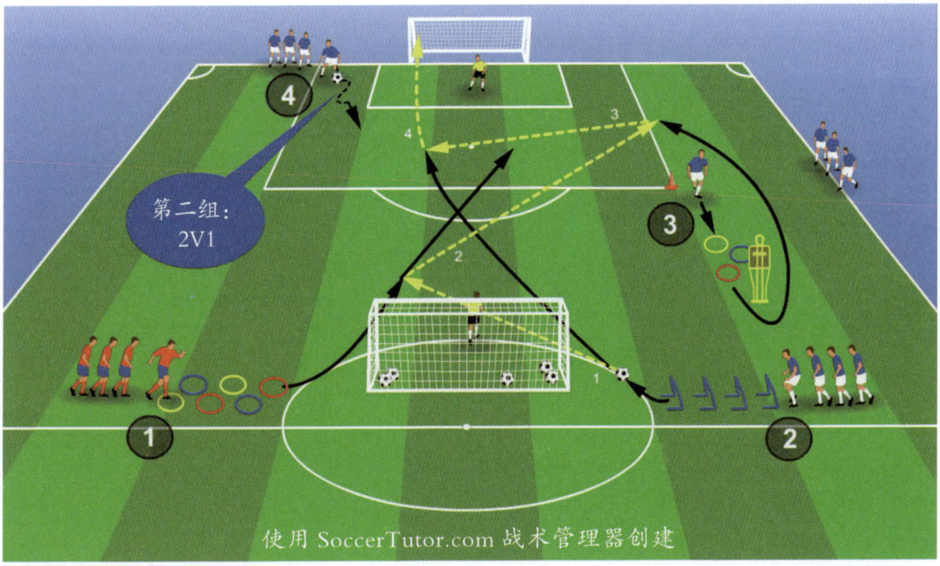

训练组织

使用球场的半场，球员分布在 4 个位置。

2 名球员（红色防守球员 + 蓝色进攻球员）同时从一端开始，先完成协调性练习（步法）。③队的球员完成协调性练习后变向绕过假人。

②队的球员向中路传球给①队球员，①队球员向边路的③队球员（中后卫或边锋）传球。③队球员传中给①队和②队中的一个完成射门。

射门的球员完成射门后，就与④队的 1 名球员、②队球员进行 2V1 对抗。①队的球员成为防守球员。（上图中的数字 1、2、3、4 表示传球的顺序）

第二组的变化

（1）改变练习方向，在相反一侧传中。

（2）改变步法练习形式——使用绳梯或标志杆。

训练量

2 组，每组 7 分钟，组间间歇 1 分钟。

3 个区域由攻转守的最大强度比赛 24 分钟

训练组织

将一个 40 米 ×50 米的场地分成 3 个区域。中间区域为 40 米 ×18 米。将球员分成 2 组，每组 8 名球员 +2 名守门员。4 人训练 4 人休息，以保证最大的训练强度。

守门员开球，两组球员在第一个区域进行 4V4 对抗。守门员作为中立球员帮助控球方一起控球。当一队失去控球权时，另一队马上进攻对方球门。失去控球权的队必须快速反应，转换为防守。然后在另一端由另一队再次开始练习。在练习 2 次后，参训球员与场边休息的球员相互交换。

训练量

3 组，每组 6 分钟，组间间歇 2 分钟。

训练课的结束部分： 拉伸练习

训练课 7 长时间高强度的由守转攻训练

训练课的开始部分

3 人配合选择向前跑动时机的技术性热身 10 分钟

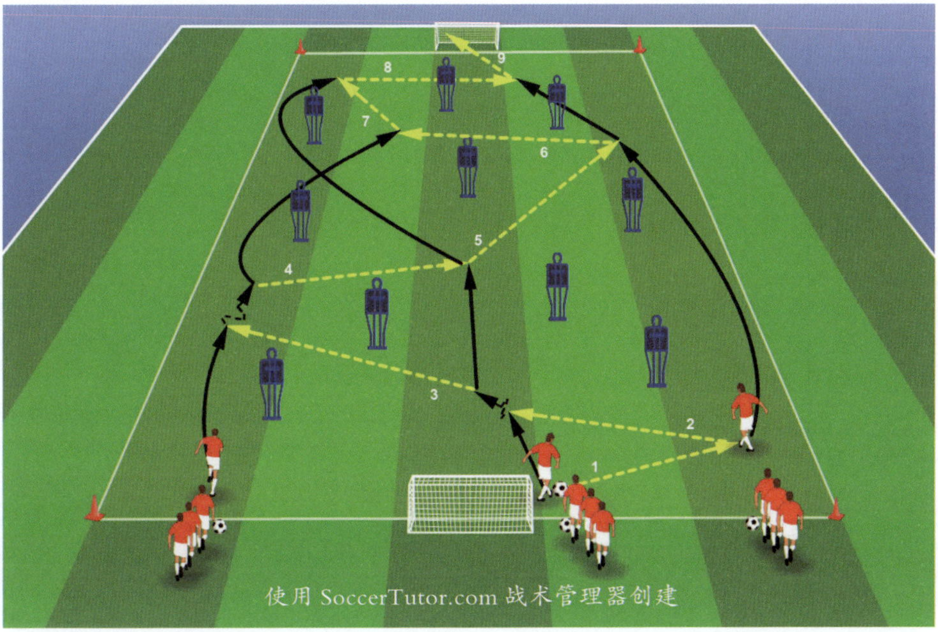

训练目的

在热身中提高进攻配合和掌握向前跑动时机的能力。

训练组织

在一个 40 米 ×20 米的区域内，每端有 1 个球门，3 名球员为一组进行传球，绕过假人（防守者）跑到其身后接球。进攻配合以 1 次射门结束。当所有人完成练习后，在球场另外一端重复同样的练习。（上图中的数字表示传球的顺序）

变化

（1）4 名球员为一组完成更复杂的进攻配合。

（2）限制所有球员触球 2 次。

（3）限制所有球员触球 1 次。

（4）球员必须在 6 ~ 8 秒内完成 1 次进攻。

激活：发展速度和功率的循环练习 5 分钟

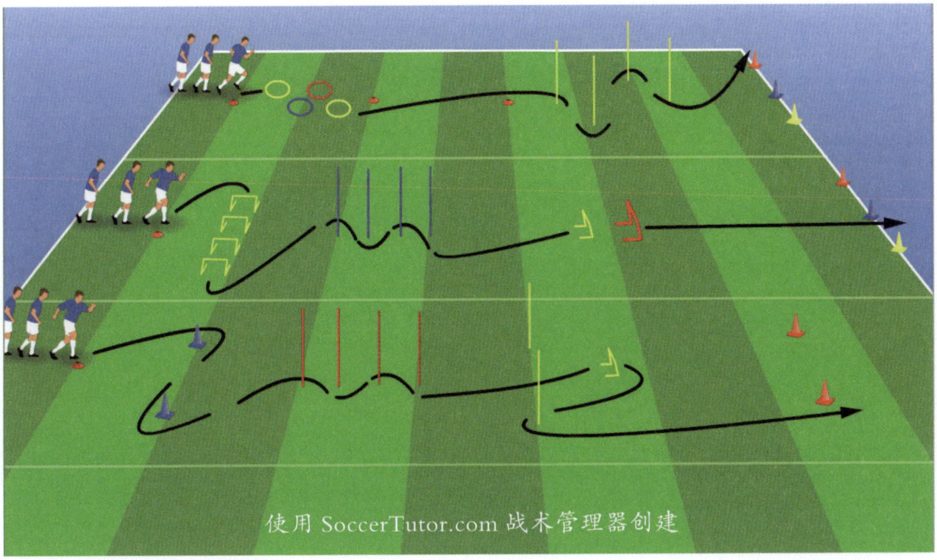

训练目的

发展速度、加速、灵敏性、力量和功率。

训练组织

如上图所示，球员排成 3 队，完成不同的协调性训练，使用速度圈、栏架和标志杆。

（1）球员单腿跳过速度圈，冲刺，变向跑穿过标志杆，然后冲刺到远端的标志桶。

（2）球员跳过 4 个栏架，蛇形跑绕过标志杆，跳过 1 个矮的栏架和 1 个高的栏架，最后冲刺到远端的标志桶。

（3）球员绕过标志桶，蛇形跑绕过标志杆，冲刺并跳跃穿过小栏架、变向跑绕过标志杆，最后冲刺到远端的标志桶。

训练量

共 6 次（每个练习完成 2 次）。

指导要点

（1）变向跑穿过标志杆时，球员需要减速、屈膝、一条腿向后蹬地发力，身体向前加速。

（2）在速度圈上进行单腿跳跃时，双腿在转换时保持身体平衡相当重要。

训练课的主体部分

在两个方形区域内以 2V4 、10（+2）V4 形式逼抢并赢得球权的控球训练

15 分钟

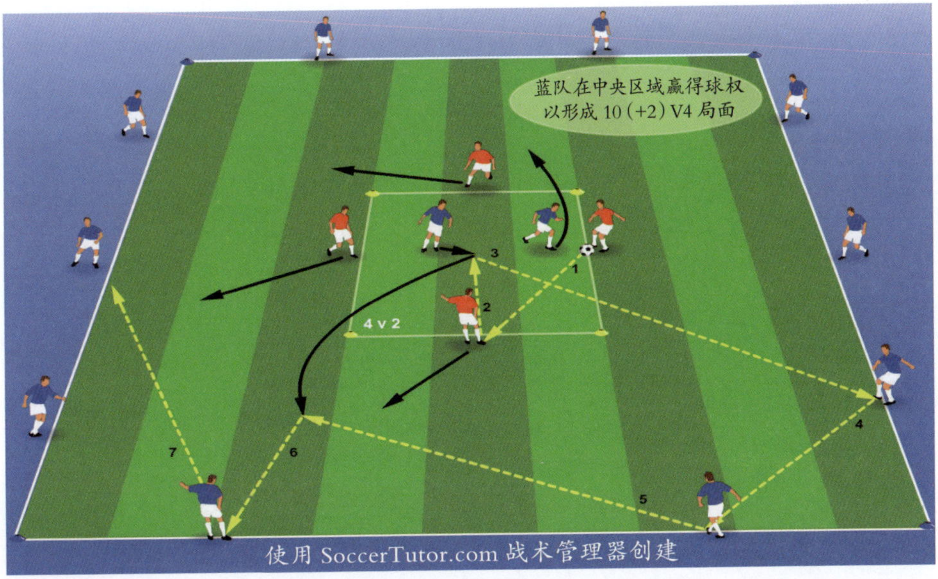

训练组织

在一个30米×20米的场地中间，标记出一个8米×8米的正方形区域。

练习从在 8 米 ×8 米的区域内进行 4V2 对抗开始。当 2 名蓝色球员赢得控球权，他们就可以给站在 30 米 ×20 米区域外的任何一名球员传球，以形成一个 10（+2）V4 的局面。蓝色球员失去球权后，需要重新在 8 米 ×8 米区域内开始 4V2 对抗。（上图中的数字表示传球的顺序）

变化

（1）每组练习后改变球员的位置。

（2）限制触球 1 次或触球 2 次。

训练量

3 组，每组 4 分钟，组间间歇 1 分钟。

7V9 比赛由守转攻时刻进行中路反击　　20 分钟

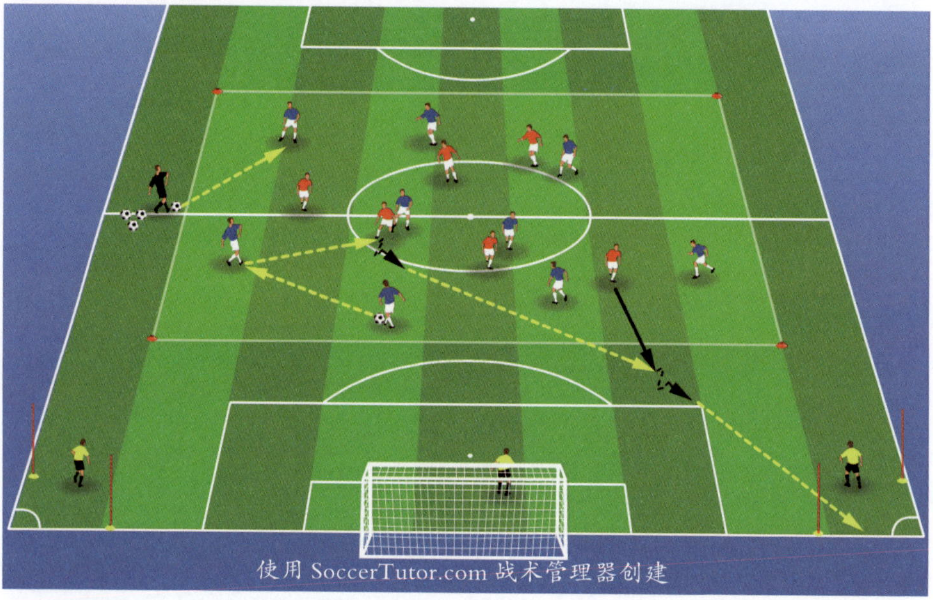

训练目的

在中场控球、逼迫对手和快攻。

训练组织

如上图所示，在球场中央标记出 50 米 ×40 米的区域。两队进行 9V7 对抗。9 名队员试图保持控球权，每连续完成 10 脚传球即得 1 分。

防守方试图赢得控球权，并在赢得控球权后将球传出该区域，进攻球门（由守转攻）。

一旦球出界，教练要马上踢进 1 个球，保证球员始终处于活动状态。双方在第二组练习时转换角色。

变化

2 名队员可以站在 50 米 ×40 米区域外面，但他们必须完成传中射门。

训练量

2 组，每组 8 分钟，组间间歇 2 分钟。

在 9V9 的对抗中快速由守转攻 30 分钟

红方球员赢得控球权后
必须在 8 秒内完成反击
使用 SoccerTutor.com 战术管理器创建

训练组织

使用整个球场，将 2 个罚球区之间的区域分成 4 等份。每个队的目标都不相同。蓝队进攻没有限制性条件，红队全部球员都在本方半场或中间的 2 个区域内参与防守。红队赢得控球权后必须在 8 秒内完成反击。（上图中的数字表示传球的顺序）

双方在第二组练习时转换角色。

变化

限制参与反击球员的人数、反击过程中球员触球的次数；进攻球员在球的前方时，防守球员不能防守等。

训练量

2 组，每组 13 分钟，组间间歇 2 分钟。

训练课的结束部分：拉伸练习

参考文献

- Abrantes, C.I., Nunes, M.I., Maças, V.M., Leite, N.M., Sampaio, J.E. (2012). Effects of the number of players and game type constraints on heart rate, rate of perceived exertion, and technical actions of small-sided soccer games. Journal of Strength and Conditioning Research, 26, 976-981.
- Accame, F. (1995). Fútbol en zona. Madrid (Spain): Gymnos.
- Achten, J., Jeukendrup, A. (2003). Heart rate monitoring: Applications and limitations. Sports Medicine, 33, 517- 538.
- Árnason, A., Andersen, T.E., Holme, I., Engebretsen, L., Bahr, R. (2008). Prevention of hamstring strains in elite soccer: an intervention study. Scandinavian Journal of Medicine and Science in Sports, 18, 40-48.
- Astorino, T., Tam, P.A., Rietschel, J.C., Johnson, S.M., Freedman, T.P. (2004). Changes in physical fitness parameters during a competitive field hockey season. Journal of Strength and Conditioning Research, 18, 850-854.
- Askling, C., Karlsson, J., Thorstensson, A. (2003). Hamstring injury occurrence in elite soccer after preseason strength training with eccentric overload. Scandinavian Journal of Medicine and Science in Sports, 13, 244-250.
- Athletes Performance (2011). Phase I Performance Mentorship. London (United Kingdom): Athletes Performance.
- Baker, D. (2001). The effects of an in-season of concurrent training on the maintenance of maximal strength and power in professional and college-aged rugby league football players. Journal of Strength and Conditioning Research, 15, 172-177.
- Baker, D., Wilson, G., Caylon, R. (1994). Periodization: the effect on strength of manipulating volume and intensity. Journal of Strength and Conditioning Research, 8, 235-242.
- Balsom, P.D., Seger, J.Y., Sjödin, B., Ekblom, B. (1992a). Physiological responses to maximal intensity intermittent exercise. European Journal of Applied Physiology, 65, 144-149.
- Balsom, P.D., Seger, J.Y., Sjödin, B., Ekblom, B. (1992b). Maximal-intensity intermittent exercise: Effect of recovery duration. International Journal of Sports Medicine, 13, 528-533.
- Bangsbo, J. (1994a). Fitness training in football: A scientific approach. Bagsvaerd (Denmark): HO+ Storm.
- Bangsbo, J. (1994b). Physiological demands. In Football (soccer) (edited by B. Ekblom), pp. 43-58. Oxford (United Kingdom): Blackwell.
- Bangsbo, J. (1994c). The physiology of soccer – with special reference to intense intermittent exercise. Acta Physiologica Scandinavica, 151 (supp. 619).
- Bangsbo, J. (2003). Integration of science in the training of elite football players. In Book of abstracts of the Vth World Congress on Science & Football, pp. 13. Madrid (Spain): Gymnos.
- Bangsbo, J. (2004). Fatigue during a soccer match. Abstract from the communication presented to the International Congress The Rehabilitation of Sports Muscle and Tendon Injuries.
- Bangsbo, J., Madsen, K., Kiens, B, Richer, E.A. (1996). Effect of muscle acidity on muscle metabolism and fatigue during intense exercise in man. Journal of Physiology, 495, 587-596.
- Bartlett, R. (2001). Performance analysis: can bringing together biomechanics and notational analysis benefit coaches? International Journal of Performance Analysis in Sport, 1, 122-126.
- Batty, E. (1980). Soccer coaching: The European way. London (United Kingdom): Souvenir Press.
- Bondarchuk, A.P. (1988). Constructing a training system. Track Technique, 102, 254-269.
- Bompa, T. (1999). Theory and methodology of training (4th Edition). Champaign (Illinois, United States): Human Kinetics.
- Bradley, P.S., Sheldon, W., Wooster, B., Olsen, P., Boanas, P., Krustrup, P. (2009). High-intensity running in English FA Premier League soccer matches. Journal of Sports Sciences, 27, 159-168.
- Campos, C. (2007). A singularidade da intervecao do treinador como a sua "impresao digital". Justificacao da periodizacao táctica como una "fenomenotecnica". Academic thesis. University of Porto (Portugal).

- Cano, O. (2009). El modelo de juego del F.C. Barcelona. Vigo (Spain): MC Sports.
- Caraffa, A., Cerulli, G., Projetti, M., Aisa, G., Rizzo, A. (1996). Prevention of anterior cruciate ligament injuries in soccer. A prospective controlled study of propioceptive training. Knee Surgery, Sports Traumatology & Arthroscopy, 4, 19-21.
- Carli, G., Di Prisco, C.L., Martelli, G., Viti, A. (1982). Hormonal changes in soccer players during an agonistic season. Journal of Sports Medicine and Physical Fitness, 22, 489-494.
- Carling, C., Bloomfield, J., Nelsen, L., Reilly, T. (2008). The role of motion analysis in elite soccer: contemporary performance measurement techniques and work rate data. Sports Medicine, 38, 839-862.
- Casamichana, D., Castellano, J., Calleja, J., Román, J.S., Castagna, C. (2012). Relationship between indicators of training load in soccer players. Journal of Strength and Conditioning Research. In press.
- Colli, R., Marra, E., Savoia, C., Azzone, V. (2011). La rivoluzione della misurazione della potenza metabolica nel calcio tramite gps o videoananalisi. In http://www.robertosassi.it.
- Csikszentmihalyi, M. (1990). Flow: The psychology of optimal experience. New York (New York, United States): Harper and Row.
- Dadebo, B., White, J., George, K.P. (2004). A survey of flexibility training protocols and hamstring strains in professional football clubs in England. British Journal of Sports Medicine, 38, 388-394.
- Damasio, A.R. (2005). En busca de Spinoza: Neurobiología de la emoción y de los sentimientos. Barcelona (Spain): Crítica.
- Da Silva, J.F., Guglielmo, L.G, Bishop, D. (2010). Relationship between different measures of aerobic fitness and repeated-sprint ability in elite soccer players. Journal of Strength and Conditioning Research, 24, 2115-2121.
- Dawson, B., Fitzsimons, M., Ward, D. (1993). The relationship of repeated sprint ability to aerobic power and performance measures of anaerobic work capacity and power. Australian Journal of Science and Medicine in Sport, 25, 88-93.
- Dellal, A., Chamari, K., Wong, D.P., Ahmaidi, S., Keller, D., Barros, R., Bisciotti, G.N., Carling, C. (2011a). Comparison of physical and technical performance in European soccer match-play: FA Premier League and La Liga. European Journal of Sports Sciences, 11, 51-59.
- Dellal. A., Lago-Peñas, C., Wong, D.P., Chamari, K. (2011b). Effect of the number of ball contacts within bouts of 4 vs. 4 small-sided soccer games. International Journal of Sports Physiology and Performance, 6, 322-333.
- Dellal, A., Chamari, K., Owen, A.L., Wong, D.P., Lago-Peñas, C., Hill-Haas, S. (2011c). Influence of the technical instructions on the physiological and physical demands within small sided soccer games. European Journal of Sports Sciences, 11, 353-358.
- Dellal, A., Drust, B., Lago-Peñas, C. (2012a). Variation of activity demands in small-sided soccer games. International Journal of Sports Medicine, 33, 370-375.
- Dellal, A., Owen, A., Wong, D.P., Krustrup, P., Van Exsel, M., Mallo, J. (2012b). Technical and physical demands of small vs. large sided games in relation to player position in elite soccer. Human Movement Science. In Press.
- Díaz Otáñez, J. (1982). Manual de entrenamiento. Córdoba (Argentina): Jado.
- Díaz Galán, I. (2012). Entrevista a Vitor Frade. In http://afluentesdelfutbol.blogspot.com.es/2012/03/vitor-fradeelpadre- de-la-periodizacion.html.
- Di Salvo, V., Gregson, W., Atkinson, G., Tordoff, P., Drust, B. (2009). Analysis of high intensity activity in Premier League soccer. International Journal of Sports Medicine, 30, 205-212.
- Dupont, G., Akakpo, K., Berthoin, S. (2004). The effect of in-season, high-intensity interval training in soccer players. Journal of Strength and Conditioning Research, 18, 584-589.
- Dupont, G., Nedelec, M., McCall, A., McCormack, D., Berthoin, S., Wisloff, U. (2010). Effect of 2 soccer matches in a week on physical performance and injury rate. American Journal of Sports Medicine, 38, 1752-1758.
- Dvorak, J., Junge, A., Derman, W., Schwellnuss, M. (2011). Injuries and illnesses of football players during the 2010 FIFA World Cup. British Journal of Sports Medicine, 45, 626-630.
- Eirale, C., Hamilton, B., Bisciotti, G., Grantham, J., Chalabi H. (2012). Injury epidemiology in a national

football team of the Middle East. Scandinavian Journal of Medicine and Science in Sports, 22, 323-329.

- Ekstrand, J. (2008). Epidemiology of football injuries. Science & Sports, 23(2), 73-77.
- Ekstrand, J., Timpka, T., Hägglund M. (2006). Risk of injury in elite football played on artificial turf versus natural grass: a prospective two-cohort study. British Journal of Sports Medicine, 40, 975-980.
- Ekstrand, J., Hägglund, M., Waldén M. (2011). Epidemiology of muscle injuries in professional football (soccer). American Journal of Sports Medicine, 39, 1226-1232.
- Espar, X. (2010). Jugar con el corazón. Barcelona (Spain): Plataforma Editorial.
- Fitzsimons, M., Dawson, B., Ward, D., Wilkinson, A. (1993). Cycling and running test of repeated sprint ability. Australian Journal of Science and Medicine in Sport, 43, 14-20.
- Fuller, C.W., Smith, G.L., Junge, A., Dvorak, J. (2004). The influence of tackle parameters on the propensity for injury in international football. American Journal of Sports Medicine, 32 (Suppl. 43), 43-53.
- Fuller, C.W., Ekstrand, J., Junge, A., Andersen, T.E., Bahr, R., Dvorak, J, Hägglund, M., McCrory, P., Meeuwisse, W.H. (2006). Consensus statement on injury definitions and data collection procedures in studies of football (soccer) injuries. British Journal of Sports Medicine, 40, 193-201.
- Gamble, P. (2006). Periodization training for team sport athletes. Strength and Conditioning Journal, 28 (5), 56-66.
- Garganta, J., Oliveira, J. (1997). Estratégia e táctica nos jogos desportivos colectivos. Oporto (Portugal): University of Porto.
- Gorostiaga, E.M., Izquierdo, M., Ruesta, M., Iribarren, J., González Badillo, J.J., Ibáñez, J. (2004). Strength training effects on physical performance and serum hormones in young soccer players. European Journal of Applied Physiology, 91, 698-707.
- Gorostiaga, E.M., Granados, C., Ibáñez, J., González-Badillo, J.J., Izquierdo, M. (2006). Effects of an entire season on physical fitness changes in elite male handball players. Medicine and Science in Sports and Exercise, 38, 357-366.
- Hägglund, M., Waldén, M., Bahr, R., Ekstrand, J. (2005). Methods for epidemiological study of injuries to professional football players: Developing the UEFA model. British Journal of Sports Medicine, 39, 340-346.
- Hägglund, M., Waldén, M., Ekstrand J. (2006). Previous injury as a risk factor for injury in elite football: a prospective study over two consecutive seasons. British Journal of Sports Medicine, 40, 767-772.
- Hägglund, M., Waldén, M., Ekstrand J. (2009). Injuries among male and female elite football players. Scandinavian Journal of Medicine and Science in Sports, 19, 751-752.
- Hakkinen, K. (1993). Changes in physical fitness profile in female volleyball players during the competitive season. Journal of Sports Medicine and Physical Fitness, 33, 223-232.
- Harre, D. (1982). Trainingslehre. Berlin (Germany): Sportverlag.
- Helgerud, J., Engen, L.C., Wisloff, U., Hoff, J. (2001). Aerobic endurance training improves soccer performance. Medicine and Science in Sports and Exercise, 33, 1925-1931.
- Hill-Haas, S., Coutts, A.J., Dawson, B.T., Rowsell, G.K. (2010). Time motion characteristics and physiological responses of small-sided games in elite youth players⊠ the influence of player number and rule changes. Journal of Strength and Conditioning Research, 24, 2149-2156.
- Hill-Haas, S., Dawson, B., Impellizzeri, F.M., Coutts, A. (2011). Physiology of small –sided games training in football: a systematic review. Sports Medicine, 41, 199-220.
- Hoff, J., Wisloff, U., Engen, L.C., Kemi, O.J., Helgerud, J. (2002). Soccer specific aerobic endurance training. British Journal of Sports Medicine, 36, 218-221.
- Hölmich, P., Uhrskou, P., Ulnits, L., Kanstrup, I.L., Nielsen, M.B., Bjerg, A.M., Krogsgaard, K. (1999). Effectiveness of active physical training as treatment for long-standing adductor-related groin pain in athletes: randomised trial. Lancet, 353, 439-443.
- Impellizzeri, F.M., Rampinini, E., Coutts, A.J., Sassi, A., Marcora, S.M. (2004). Use of RPE-based training load in soccer. Medicine and Science in Sports and Exercise, 36, 1042-1047.
- Impellizzeri, F.M., Marcora, S.M., Castagna, C., Reilly, T., Sassi, A., Iaia, F.M. (2006). Physiological and performance effects of generic versus specific aerobic training in soccer players. International Journal of Sports Medicine, 27, 483- 492.

- Issurin, V. (2008). Block periodization versus traditional training theory: a review. Journal of Sports Medicine and Physical Fitness, 48, 65-75.
- Issurin, V. (2010). New horizons for the methodology and physiology of training periodization. Sports Medicine, 40, 189-206.
- Issurin, V., Kaverin, V. (1985). Planning and design of annual preparation cycle in caneo-kayak paddling. Moscow (Russia): Grebnoj Sport.
- Junge, A., Rosch, D., Peterson, L., Graf-Baumann, T., Dvorak, J. (2002). Prevention of soccer injuries: a prospective intervention study in youth amateur players. American Journal of Sports Medicine, 30, 652-659.
- Kelly, D.M., Drust, B. (2009). The effect of pitch dimensions on heart rate responses and technical demands of small-sided soccer games in elite players. Journal of Science and Medicine in Sport, 12, 475-479.
- Knicker, A.J., Renshaw, I., Oldham, A.R., Cairns, S.P. (2011). Interactive processes link the multiple symptoms of fatigue in sport competition. Sports Medicine, 41, 307-328.
- Kraemer, W.J., French, D.N., Paxton, N.J., Häkkinen, K., Volek, J.S., Sebastianelli, W.J. (2004). Changes in exercise performance and hormonal concentrations over a big ten soccer season in starters and nonstarters. Journal of Strength and Conditioning Research, 18, 121-128.
- Krustrup, P., Mohr, M., Amstrup, T., Rysgaard, T., Johansen, J., Steensberg, A., Pedersen, P.K., Bangsbo, J. (2003). The Yo-yo intermittent recovery test: physiological response, reliability, and validity. Medicine and Science in Sports and Exercise, 35, 697-705.
- Krustrup, P., Mohr, M., Steensberg, A., Bencke, J, Kjaer, M., Bangsbo, J. (2004). Muscle metabolites during a football match in relation to a decreased sprint ability. Journal of Sport Sciences, 22, 549.
- Lago, C. (2009). The influence of match location, quality of opposition, and match status on possession strategies in professional association football. Journal of Sports Sciences, 27, 1463-1469.
- Lago, C., Martín, R. (2007). Determinants of possession of the ball in soccer. Journal of Sports Sciences, 25, 969-974.
- Little, T., Williams, A.G. (2007). Measures of exercise intensity during soccer training drills with professional soccer players. Journal of Strength and Conditioning Research, 21, 367-371.
- Mahlo, F. (1969). La acción táctica en juego. La Habana (Cuba): Pueblo y Educación.
- Mallo, J. (2006). Análisis del rendimiento físico de los árbitros y árbitros asistentes durante la competición en el fútbol. Doctoral Thesis. Universidad Politécnica de Madrid (Spain).
- Mallo, J. (2011). Effect of block periodization on performance in competition in a soccer team during four consecutive seasons: A case study. International Journal of Performance Analysis in Sport, 11, 476-485.
- Mallo, J. (2012a). Incidencia lesional en los futbolistas: Segunda División "B". Revista de Preparación Física en el Fútbol, 3, 84-95.
- Mallo, J. (2012b). Effect of block periodization on physical fitness during a competitive soccer season. International Journal of Performance Analysis in Sport, 12, 64-74.
- Mallo, J., Navarro, E. (2008). Physical load imposed on soccer players during small-sided training games. Journal of Sports Medicine and Physical Fitness, 48, 166-171.
- Mallo, J., Navarro, E., García-Aranda, J. M., Gilis, B., Helsen, W. (2007). Activity profile of top-class soccer referees in relation to performance in selected physical tests. Journal of Sports Sciences, 25, 805-813.
- Mallo, J., Navarro, E., García-Aranda, J.M., Helsen, W. (2009). Activity profile of top-class association football referees in relation to fitness-test performance and match standard. Journal of Sports Sciences, 27, 9-17.
- Mallo, J., Gonzalez, P., Veiga, S., Navarro, E. (2011). Injury incidence in a Spanish sub-elite professional team: a prospective study during four competitive seasons. Journal of Sport Sciences and Medicine, 10, 731-736.
- Mallo, J., Dellal, A. (2012). Injury risk in professional football players with special reference to the playing position and training periodization. Journal of Sports Medicine and Physical Fitness. In press.
- Marcora, S.M., Staiano, W., Manning, V. (2009). Mental fatigue impairs physical performance in humans. Journal of Applied Physiology, 2009, 106, 857-864.

- Matsui, T., Soya, S., Okamoto, M., Ichitani, Y., Kawanaka, K., Soya, H. (2011). Brain glycogen decreases during prolonged exercise. Journal of Physiology, 589, 3383-3393.
- Matsui, T., Ishikawa, T., Ito, H., Okamoto, M., Inoue, K., Lee, M., Fujikawa, T., Ichitani, Y., Kawakana, K., Soya, H. (2012). Brain glycogen supercompensation following exhaustive exercise. Journal of Physiology, 590, 607-616.
- Matveiev, L.P. (1981). Fundamentals of sport training. Moscow (Russia): Progress Publishers.
- Meckel, Y., Machnai, O., Eliakim, A. (2009). Relationship among repeated sprint tests aerobic fitness, and anaerobic fitness in elite adolescent soccer players. Journal of Strength and Conditioning Research, 23, 163-169.
- Mjolsnes, R., Arnason, A., Osthagen, T., Raastad, T., Bahr R. (2004). A 10-week randomized trial comparing eccentric vs concentric hamstring strength training in well-trained soccer players. Scandinavian Journal of Medicine and Science in Sports, 14, 311-317.
- Miñano, J. (2006). Medidas adaptativas en la planificación del entrenamiento en equipos con alta densidad competitiva. Master in Fitness training in football. Real Federación Española de Fútbol – Universidad de Castilla La Mancha (Spain).
- Mohr, M., Krustrup, P., Bangsbo, J. (2003). Match performance of high-standard soccer players with special reference to development of fatigue. Journal of Sports Sciences, 21, 519-528.
- Mohr, M., Krustrup, P., Bangsbo, J. (2005). Fatigue in soccer: A brief review. Journal of Sports Sciences, 23, 593-599.
- Morgan, B.E., Oberlander, M.A. (2001). An examination of injuries in Major League Soccer. The Inaugural season. American Journal of Sports Medicine, 29, 426-430.
- Mújika, I. (2009). Tapering and peaking for optimal performance. Leeds (United Kingdom): Human Kinetics.
- Mújika, I., Padilla S (2003). Scientific bases for precompetition tapering strategies. Medicine and Science in Sports and Exercise, 35, 1182-1187.
- Navarro, F. (2001). Principios del entrenamiento y estructuras de la planificación deportiva. Master in High performance in sports. Comité Olímpico Español – Universidad Autónoma de Madrid (Spain).
- Newton, R.U., Rogers, R.A., Volek, J.S. (2006). Four weeks of optimal resistance training at the end of the season attenuates declining of jump performance of women volleyball players. Journal of Strength and Conditioning Research, 20, 955-961.
- Nordsborg, N., Mohr, M., Pedersen, L.D., Nielsen, J.J., Bangsbo, J. (2003). Muscle interstitial potassium kinetics during intense exhaustive exercise – effect of previous arm exercise. American Journal of Physiology, 285, 143-148.
- North, J.S., Williams, A.M., Hodges, N., Ward, P., Ericsson, K.A. (2009). Perceiving patterns in dynamic action sequences: The relationship between anticipation and pattern recognition skill. Applied Cognitive Psychology, 23, 878-894.
- Noya, J., Sillero, M. (2012). Incidencia lesional en el fútbol profesional español a lo largo de una temporada: días de baja por lesión. Apunts Medicina Esport. In press.
- Oliveira, B., Amieiro, N., Resende, N., Barreto, R. (2007). Mourinho ¿Por qué tantas victorias? Vigo (Spain): MC Sports.
- Osgnach, C., Poser, S., Bernardini, R., Rinaldo, R., di Prampero, P.E. (2010). Energy cost and metabolic power in elite soccer: a new match analysis approach. Medicine and Science in Sports and Exercise, 42, 170-178.
- Owen, A.L., Twist, C., Ford, P. (2004). Small-sided games: the physiological and technical effect of altering pitch size and player numbers. Insight: The F.A. Coaches Association Journal, 7, 50-53.
- Owen, A.L., Wong, P., McKenna, M., Dellal, A. (2011). Heart rate responses and technical comparison between small- vs. large-sided games in elite professional soccer. Journal of Strength and Conditioning Research, 25, 2104- 2110.
- Paredes, V. (2009). Método de cuantificación en la readaptación de lesiones en fútbol. Doctoral Thesis. Universidad Autónoma de Madrid (Spain).
- Platonov, V.N. (1988). El entrenamiento deportivo: Teoría y Metodología. Barcelona (Spain): Paidotribo.

- Pol, R. (2011). La Preparación ¿Física? en el fútbol. Vigo (Spain): MC Sports.
- Punset, E. (2010). Viaje a las emociones. Barcelona (Spain): Destino.
- Punset, E. (2011). Excusas para no pensar. Barcelona (Spain): Destino.
- Rahnama, N., Reilly, T., Lees, A., Graham-Smith, P. (2003). Muscle fatigue induced by exercise simulating the work rate of competitive soccer. Journal of Sports Sciences, 21, 933-942.
- Rampinini, E., Sassi, A., Sassi, R., Impellizzeri, F.M. (2004). Variables influencing fatigue in soccer performance. Abstract from the communication presented to the International Congress The Rehabilitation of Sports Muscle and Tendon Injuries.
- Reep, C., Benjamin, B. (1968). Skill and chance in Association Football. Journal of the Royal Statistical Society Series, 131, 581-585.
- Roca, A. (2011). El proceso de entrenamiento en el fútbol. Vigo (Spain): MC Sports.
- Ruíz Pérez, L.M. (1994). Deporte y aprendizaje. Madrid (Spain): Visor.
- Sánchez Bañuelos, F. (1997). Didáctica de la Educación Física y el Deporte. INEF Madrid (Spain).
- Sanz, J.M. (2010). Una manera de entender el entrenamiento en el fútbol. Presentation in the Master in Fitness training in football. Real Federación Española de Fútbol – Universidad de Castilla La Mancha (Spain).
- Sampedro, J. (1999). Fundamentos de táctica deportiva. Análisis de la estrategia en los deportes. Madrid (Spain): Gymnos.
- San Román, Z. (2003) Causas de las bajas a entrenamientos y competiciones profesionales de los futbolistas profesionales con unas cargas determinadas de trabajo. Doctoral Thesis. Universidad de Extremadura (Spain).
- Schneider, V., Arnold, B., Martin, K., Bell, D., Crocker, P. (1998). Detraining effect in college football players during the competitive season. Strength and Conditioning Journal, 12, 42-45.
- Seirul•lo, F. (1987). Opción de planificación en los deportes de largo período de competiciones. Revista de Entrenamiento Deportivo, I (3), 53-62.
- Seirul•lo, F. (1994). Criterios modernos de entrenamiento en el fútbol. In Jornadas internacionales de medicina y fútbol premundial 94 (pp. 201-212). Vitoria (Spain): Instituto Vasco de Educación Física.
- Seirul•lo, F. (2001). Entrevista de metodología y planificación. Training Futbol, 65, 8-17.
- Seirul•lo, F. (2003). Planificación del Entrenamiento. Professional Master in High performance in team sports. Barcelona (Spain): CEDE.
- Selye, H. (1950). Stress and general adaptation syndrome. British Journal of Medicine, 1 (4667), 1383-1392.
- Solé, J. (2002). Fundamentos del entrenamiento deportivo. Barcelona (Spain): Ergo.
- Solé, J. (2003). Entrenamiento de la resistencia en los deportes de equipo. Professional Master in High performance in team sports. Barcelona (Spain): CEDE.
- Solé, J. (2006). Planificación del entrenamiento deportivo. Barcelona (Spain): Sicropat Sport.
- Solé, J. (2008). Teoría del entrenamiento deportivo. Barcelona (Spain): Sicropat Sport.
- Stolen, T., Chamari, K., Castagna, C., Wisloff, U. (2005). Physiology of soccer: An update. Sports Medicine, 35, 501- 536.
- Tamarit, X. (2007). ¿Qué es la periodización táctica? Vigo (Spain): MC Sports.
- Tenga, A., Holme, I., Ronglan, L.T., Bahr, R. (2010. Effects of playing tactics on goal scoring in Norwegian professional soccer. Journal of Sports Sciences, 28, 237-244.
- Touretski, G. (1998). Preparation of sprints events. 1998 ASCTA Convention. Camberra (Australia): Australian Institute of Sport.

- Vaeyens, R., Lenoir, M., Williams, A.M., Mazyn, L., Philippaerts, R.M. (2007). The effects of task constraints on visual search behaviour and decision-making skill in youth soccer players. Journal of Sports and Exercise Psychology, 29: 147-169.
- Verjoshanski, I.V. (1990). Entrenamiento deportivo, planificación y programación. Barcelona (Spain): Martínez Roca.
- Waldén, M., Hägglund, M., Ekstrand J. (2005). UEFA Champions League study: a prospective study of injuries in professional football during the 2001-2002 season. British Journal of Sports Medicine, 39, 542-546.
- Ward, P., Williams, A.M., Hancock, P. (2006). Simulation for performance and training. En: Ericsson K.A., Charness, N., Feltovich, P.J., Hoffman P. (Ed.), The Cambridge handbook of expertise and expert performance (pp. 243-262). Cambridge: Cambridge University Press.
- Weineck, J. (1988). Entrenamiento óptimo. Barcelona (Spain): Hispano Europea.
- Williams, A.M., Ford, P.F., Eccles, D.W., Ward, P. (2011). Perceptual-cognitive expertise in sport and its acquisition: Implications for applied cognitive psychology. Applied Cognitive Psychology, 25, 432-442.
- Wisloff, U., Castagna, C., Helgerud, J., Jones, R., Hoff, J. (2004). Maximal squat strength is strongly correlated to sprint-performance and vertical jump height in elite soccer players. British Journal of Sports Medicine, 38: 285-288.
- Witvrouw, E., Daneels, L., Asselman, P., D´Have, T., Cambier, D. (2003). Muscle flexibility as a risk factor for developing muscular injuries in male professional soccer players. American Journal of Sports Medicine, 31, 41-46.
- Woods, C., Hawkins, R.D., Maltby, S., Hulse, M., Thomas, A., Hodson A. (2004). The Football Association Medical Research Programme: An audit to injuries in professional football – analysis of hamstring injuries. British Journal of Sports Medicine, 38, 36-41.
- Zubillaga, A. (2006). La actividad del jugador de fútbol en alta competición: Análisis de variabilidad. Doctoral Thesis. Universidad de Málaga (Spain).
- Zubillaga, A., Gorospe, G., Hernández-Mendo, A., Blanco-Villanesor, A. (2008). Comparative analysis of the highintensity activity of soccer players in top-level competition. In Science and football VI (edited by T. Reilly & F. Korkusuz), pp. 182-186. Abingdon (United Kingdom): Routledge.